アクティブ・ラーニングを位置づけた高校理科の授業プラン

和井田 節子・長野 修 編著

明治図書

はじめに
Introduction

　現在，高校教育は大きな転換点にさしかかっています。ここでの大きな課題は二つ考えられます。一つは，大学入試センター試験に代えて2020年度に導入される予定の大学入学希望者学力評価テスト（仮称）に対する対応で，もう一つが，平成34年度（2022年度）から年次進行で実施される新学習指導要領への移行です。これらの課題の中で高校教育に求められているのは，従来の知識伝達型授業のような受動的な学び方からの脱却です。そして，その目指すべき方向が，新学習指導要領で示された「主体的・対話的で深い学び」（アクティブ・ラーニング）と言えます。この特徴を一言でいうなら，「教え方」の観点から，「学び方」の観点への転換です。

　また新学習指導要領においても，現行と同様の履修方法（「科学と人間」を含む２科目又は基礎を付した科目を３科目）が踏襲されています。そのため，また多くの生徒が「３科目選択」になることが予想されます。かつては理科といえば，「理科系希望者」の教科と考える傾向が見られました。しかし，現在では「一般生徒」のための理科という視点は無視できません。そこでは，授業において「一般生徒」がただの「お客様」にならないこと，理科で学んだことが市民としての智恵になり市民生活で活用できるようになることなどが求められます。そのためにも，「主体的・対話的で深い学び」（アクティブ・ラーニング）を実践した授業が必要となります。

　そもそも，理科は自然科学を対象とした教科であり，アクティブな学び方なしには成立しません。自然科学では，自然に対して意識的にはたらきかけることによって，その応答を捉え，それらをデータ化し，モデル化することにより自然の法則を掴みます。また，実験できないような自然界にあっては，自然が示す微かな差異や変化を謙虚にそして注意深く観察して，自然の秩序や関係性を見いだします。そして，取り出された法則・関係性などの「概念装置」をもって，再び自然にはたらきかけ，自然を眺め，理解を深めるという極めて力動的で往還的な過程を，自然科学は内在しています。まさに，「主体的・対話的で深い学び」の原型がそこにあります。

　自然科学を学ぶことは，「自然科学する」ことに他なりません。そこに，理科教育における「主体的・対話的で深い学び」の意味合いの一面があります。

　「アクティブ・ラーニング」というと，グループ活動やプリント学習などその形式に目を奪われがちです。また，生徒が「元気」に意見を述べたり，「楽しく」グループ活動していることをもって，活動的な学びとして評価する傾向もあります。しかし，生徒個人の「主体的・対話的で深い学び」を保障することが大切です。これらのことを踏まえて，本書では「アクティブ・ラーニング」を「定型」に拘泥しない「主体的・対話的で深い学び」と同義に扱っています。

本書は，授業事例に基づく授業プランを中心にまとめられています。これらは，実践の中で練り上げられたもので，随所に「主体的・対話的で深い学び」（アクティブ・ラーニング）を深めるための具体的なアイデア・工夫がちりばめられています。また，本書は授業デザインの提案であるとともに，実践記録の側面もあるため，以下のような特徴も有します。

　全国には，課程や校種の異なる様々な高校が存在していますが，本書では多彩な高校の実践を収めることができました。定時制高校，専門高校，多様な進路先を模索する普通科高校，ほぼ全員が大学進学をする高校など，それぞれの学校の特徴や生徒の実態に合わせた授業事例が見られます。

　また，授業内容においてもバラエティーに富んだものになりました。自然の中でのフィールドワーク，実験を活用した授業，本質に根ざした発問による授業など，多種・多様なものが含まれています。そこには，自然科学が大切にする自然やモノがあり，生徒が身体を使い，五感をとぎすませながら活動する様子が記録されています。

　さらに，本書では，授業を行う際の時間の配分や教材・授業内容の配列などなるべく丁寧に記述することに心掛けました。それは，授業は断片的な知識の羅列ではなく，授業内容を一つのまとまりのある有機的な関連をもった「シリーズ」であると考えるからです。そのことを示すために，各授業プランの最初に授業者の方略を表すマトリクスと授業デザインを載せました。

　本書は，3章より構成されています。本書の中心をなす授業プランについては，第2章に18編収録しました。理論・解説については別の章立てをし，第1章では「アクティブ・ラーニング」についてその定義・変遷から「位置づけ」，「とらえ」を解説し，第3章では「評価」について意義・方法など多角的に紹介し，評価による学びの深化の可能性を追求しています。

　本書は，平成34年度（2022年度）から実施される新学習指導要領の内容が高校現場でスムーズに実施されることを願って企画されました。そこで，「アクティブ」な授業を実践されている皆さんに無理を言って執筆をお願いしたところ，優れた実践に基づく授業プランが数多く寄せられ，企画意図を超えた豊かな内容となりました。その過程では，明治図書の佐藤智恵さん，広川淳志さんには，根気強く伴走していただきました。本書の作成にかかわったすべての方々に感謝いたします。

　生徒が「主体的・対話的で深い学び」をすることは，多くの教師の願いです。本書が学校現場で奮闘されているすべての教師の一助になれば望外の喜びとするところです。

2017年7月

長野　修

もくじ
Contents

はじめに

第1章 アクティブ・ラーニングを位置づけた高校理科の授業づくり

1　アクティブ・ラーニングとは何か　8
2　高校理科におけるアクティブ・ラーニングの位置づけ　13
3　本書におけるアクティブ・ラーニングのとらえ　14

第2章 アクティブ・ラーニングを位置づけた高校理科の授業プラン

物体の浮き沈みについて理解しよう　16
(物理基礎／様々な力／2年)

定性的な問題で「運動の法則」の理解を深めよう　22
(物理基礎／運動の法則／2年)

予想をたて，話し合い，実験を通して法則を見つけよう　28
(物理基礎／物体の落下運動／2年)

エネルギーとはどのようなものか，現象の事実を観察して発見しよう　34
(物理基礎／運動エネルギーと位置エネルギー／2年)

実験を通して問題演習に挑戦しよう　40
(物理／光の伝わり方／2年)

化学結合から物質の性質を予想しよう　46
(化学基礎／電子配置と周期表／1年)

化学変化の量的関係を体験しよう ……………………………………………………… 52
(化学基礎／化学反応式／1年)

実験を通して，熱化学方程式のルールを発見しよう ………………………………… 58
(化学／化学反応と熱・光／2年)

金属イオンの系統分離を身近に感じてみよう ………………………………………… 64
(化学／無機物質／2年)

応用問題から転写・翻訳の理解を深めよう …………………………………………… 70
(生物基礎／遺伝情報とタンパク質の合成／2年)

協同的な学びを通してタンパク質の合成のしくみを理解しよう …………………… 76
(生物基礎／遺伝情報とタンパク質の合成／2年)

「私たちの体はうまくできている」と実感しよう ……………………………………… 82
(生物基礎／体内環境／2年)

トリの尿の秘密を解明しよう …………………………………………………………… 88
(生物基礎／体内環境／2年)

協同的な学びを通して獲得免疫のしくみを理解しよう ……………………………… 94
(生物基礎／免疫／2年)

樹木の特徴と気候を結びつけて理解しよう …………………………………………… 100
(生物基礎／気候とバイオーム／2年)

「宇宙の果て」を探そう …………………………………………………………………… 106
(地学基礎／宇宙のすがた／1〜3年)

火成岩を判別できるようにしよう ……………………………………………………… 112
(地学基礎／火山活動と地震／2年)

火山活動と生物の営みを関連づけて考察しよう（フィールドワーク）…………… 118
(地学・生物／火山ほか／1年)

第3章 アクティブ・ラーニングを位置づけた高校理科の授業の評価

1 アクティブ・ラーニングの評価の意義～学習指導要領改訂を踏まえて～ ... 126

2 目標と関連づけられた評価 ... 127

3 評価のさまざまな方法 ... 130

第1章

アクティブ・ラーニングを位置づけた高校理科の授業づくり

1

1 アクティブ・ラーニングとは何か

❶アクティブ・ラーニング

(1)アクティブ・ラーニングの定義

　「アクティブ・ラーニング」については，海外においては1970年代から，日本では2000年以降研究が進められてきました。はっきりと定義されづらい包括的な用語で，多くの専門家や実践者によって少しずつニュアンスが異なる使われ方をしています。それは「active」の定義の難しさにあります。日本語にすると「能動的」「積極的」「主体的」と訳すことになる「active」ですが，例えば「能動的学習」とすると，「これまでの授業も能動的な学習を目指してきた」「しっかり講義を聴くことも能動的な学習ではないのか」という意見も出てきます。そこで，教育学者の溝上慎一（京都大学）は，「あらゆる専門家・実践家に納得してもらえる定義は不可能」だとしながらも，その特徴を整理して次のように定義しました。

　一方的な知識伝達型講義を聴くという（受動的）学習を乗り越える意味での，あらゆる能動的な学習のこと。能動的な学習には，書く・話す・発表するなどの活動への関与と，そこで生じる認知プロセスの外化を伴う。[※1]

　溝上が示す「アクティブ・ラーニング」は，生徒が学習に能動的にかかわる中で学習内容への理解を深めるとともに，論理的思考力やコミュニケーション力等のスキルも身につけることを期待するもので，これは本書で伝えたい「アクティブ・ラーニング」の姿と一致します。中原淳（東京大学）は，この定義について「たとえば，グループワークやディベートなどの活動に意味があるのではなく，その中で，各々が自分の考えを表現し，他者の持つ多様性に触れながら，自らの学びを深めるというプロセスにこそ，アクティブ・ラーニングの意味がある」と解説しています。[※2] 本書でも溝上の定義に準じてアクティブ・ラーニングを考えます。

(2)中教審におけるアクティブ・ラーニングにかかわる議論の流れ

　アクティブ・ラーニングという用語が初めて中教審の審議に公式に登場したのは2008年でした。[※3] そこでは，大学の授業改革のキーワードの一つとして扱われ「主体的・能動的な学びを引き出す教授法（アクティブ・ラーニング）を重視」とありました。2012年8月の中教審「新たな未来を築くための大学教育の質的転換に向けて（答申）」[※4]の「用語集」では，アクティブ・ラーニングは「学修者の能動的な学修への参加を取り入れた教授・学習法の総称」と解説され，学修者の参加というアクティブ・ラーニングの特徴が明記されました。さらにその

答申において，小・中・高校でもアクティブ・ラーニングを行ってこそ，大学での質の高いアクティブ・ラーニングが可能になる，という指摘がなされました。これを受けて2014年に，高校教育，大学教育それぞれについて「アクティブ・ラーニングへの飛躍的充実を図る」(高校)「アクティブ・ラーニングへと質的に転換する」(大学)という方向性が示されました。[※5] また，アクティブ・ラーニングを小中高校の次期学習指導要領の柱の一つに据えることになったのです。[※6]

(3) アクティブ・ラーニングから「主体的・対話的で深い学び」へ

次期学習指導要領改訂にかかわる議論の中で，2015年8月に「指導法を一定の型にはめ，教育の質の改善のための取組が，狭い意味での授業の方法や技術の改善に終始するのではないか」「本来の目的を見失い，特定の学習や指導の『型』に拘泥する事態を招きかねない」という懸念が示されました。[※7] これは，アクティブ・ラーニングが授業方法として位置づいていること，その定義が難しいことが背景にあります。そこで，「答申」[※6]では，「アクティブ・ラーニング」という用語ではなく「主体的・対話的で深い学び」と表記して，単なる授業方法の改善をさしているのではなく深い学びを目指していることを示すようになりました。

「主体的・対話的で深い学び」のそれぞれの内容については次のように説明しています。

主体的：学ぶことに興味や関心を持ち，自己のキャリア形成の方向性と関連付けながら，見通しを持って粘り強く取り組み，自己の学習活動を振り返って次につなげる「主体的な学び」が実現できているか。

対話的：子供同士の協働，教職員や地域の人との対話，先哲の考え方を手掛かりに考えること等を通じ，自己の考えを広げ深める「対話的な学び」が実現できているか。

深い学び：習得・活用・探究という学びの過程の中で，各教科等の特質に応じた「見方・考え方」を働かせながら，知識を相互に関連付けてより深く理解したり，情報を精査して考えを形成したり，問題を見いだして解決策を考えたり，思いや考えを基に創造したりすることに向かう「深い学び」が実現できているか。

本書における「アクティブ・ラーニング」も，「型」に拘泥せず，「主体的・対話的で深い学び」と同義に扱っていきます。

【引用・参考文献】
※1　溝上慎一 (2014)『アクティブラーニングと教授学習パラダイムの転換』東信堂　p.7
※2　中原淳・日本教育研究イノベーションセンター (2016)『アクティブ・ラーナーを育てる高校』学事出版　p.63
※3　2008年3月25日　学士課程教育の構築に向けて（審議のまとめ）
※4　2012年8月28日　新たな未来を築くための大学教育の質的転換に向けて〜生涯学び続け，主体的に考える力を育成する大学へ〜（答申・用語集）
※5　2014年12月22日　新しい時代にふさわしい高大接続の実現に向けた高等学校教育，大学教育，大学入学者選抜の一体的改革について（答申）
※6　2016年12月21日　幼稚園，小学校，中学校，高等学校及び特別支援学校の学習指導要領等の改善及び必要な方策等について（答申）
※7　2015年8月26日　教育課程企画特別部会における論点整理について（報告）

❷「主体的・対話的で深い学び(アクティブ・ラーニング)」の目的

(1)未来を生きる若者に必要な資質・能力を育てる

　当初より,知識基盤社会・グローバル化社会・多文化共生社会で生きる若者をどう育てるか,などという社会的な文脈の中で授業改善が語られてきました。さらに,3.11東日本大震災,「18歳選挙権」などの経験を経て,若者がより複雑化した現代社会とどう関係を取り結び,かかわっていくのか,というテーマがクローズアップされたのです。そこで,次期学習指導要領改訂にかかわる中教審答申(※6 以下「答申」)では,それらを学校教育で育成をはかるべき資質・能力として以下の「三つの柱」に整理しています。

　　①知識・技能:何を知っているのか,何ができるのか
　　②思考力・判断力・表現力等:知っていること,できることをどう使うのか
　　③学びに向かう力・人間性等:どのように社会・世界と関わり,よりよい人生を送るか

　従前の知識伝達型授業は,受動的な参加を促す授業でした。それだけでは,これらすべての力を育成するのは困難で,能動的に学びを活用できる授業すなわちアクティブ・ラーニング型の授業の導入が不可欠である,ということになります。

(2)「深い学び」を促進する

　高校の現場において,「言われたことしかしない生徒」が散見され,主体性を育てる教育の必要性が語られてきました。最近では,一見整然として落ち着いて見える「良い」授業にあって,ただ黒板を写すだけの,いわゆる「オートスキャナー」タイプの生徒に,現代の「学びの荒れ」をみる議論(※4)もあります。協同的な学びの場合,自分が学ぶことが仲間の学びを助けることになるため,学習意欲が高まる傾向があります。協同的な学びを取り入れた高校で,「生徒が授業に集中するようになった」というエピソードがよく語られます。

　小中学校では,主体的・対話的で深い学びを目指す授業への取り組みはすでに始まっています。平成28年度の全国学力・学習状況調査では,「主体的・対話的で深い学びの視点による学習指導の改善に向けた取組状況」の調査も行われており,「よく行った」「どちらかといえば行った」学校は,全国の小学校の8割,中学校でも7割となり,増加傾向にあります。また,取り組んでいる学校はそうでない学校よりも学力が高い傾向が確かめられています。(※9) 学んだことや考えたことを仲間に説明したり,他の生徒と自分の考えを比較したりすることが,学習を深め,知識や技能を定着させることに役立っているのです。

(3)社会の良き担い手である市民を育成する

　アクティブ・ラーニングの議論の背景には,授業の中で仲間と協議しながら学び,知識を活用する経験を通して,民主主義社会を担っていける市民を育成したいという願いがあります。主体的・対話的な活動の中で課題を設定し,仮説を立て,検証方法を考え,実際に検証に取り

組むという理科の課題解決の授業の積み重ねには，世界を科学的に分析し，よりよいものに改善する力の育成が期待されます。アクティブ・ラーニングには，このように，教科の理解だけでなく，卒業後に活用できる力を育てることも目指されているのです。

では，現状はどうでしょうか。全国学力学習状況調査（平成28年）からは，実験結果を数値で示した表から分析して解釈し，規則性を見いだしたり，課題に正対した実験を経過したりすることや考察することが苦手な中学3年生の姿が浮かびます。「理科の勉強が楽しい」「理科を勉強すると日常生活に役立つ」と考える中学生は国際平均より20ポイントも低いこともわかっています。(※10) 主体的・対話的に探究する場面が多い高校の理科の授業を通して，理科の学びの楽しさや，科学的な知見を現実世界に活用する力を育てることの重要性が見えてくるのです。

市民の育成を社会参画という視点からも見てみましょう。米国・中国・韓国の中高生は約7割が「私の参画により，変えてほしい社会現象が少し変えられるかもしれない」と考えていますが，日本の場合は約3割しかいません。(※11) 高校生の中に社会参画の主体性が育っていないことが危惧されます。18歳選挙制度が始まって初めての参議院選挙（平成28年）では，全国平均投票率54.7%に対し，18歳の投票率は51.1%でした。それでも19歳は42.3%，20－25歳が33.2%であることから考えると，学校がかかわることで社会参画意識を高めることができるといえます。

高校生が主体的な参画を経験する場は，これまでは部活動や学校行事等の授業活動が中心でした。しかし，授業外ではそのような経験を得ることができない生徒もいるのです。

家庭に対話的な問題解決の文化がある場合も，主体的な参画の経験は多くなります。しかし，自然体験などの学校外での多様な生活体験を積んでいる生徒の家庭は世帯収入が高いという調査もあります。(※12)

全ての生徒が授業の中で生活体験や考えを交流し，協同的な課題解決を経験できることが，民主的な市民を育成するだけでなく，格差を埋めることにもつながるといえます。

※8　佐藤学・他（2015）『「学びの共同体」の実践　学びが開く！高校の授業』（明治図書）
※9　文部科学省・国立教育政策研究所（2016）「平成28年度全国学力・学習状況調査　調査結果のポイント」
※10　文部科学省（2016）「国際数学・理科教育動向調査（TIMSS2015）のポイント」
※11　日本青少年研究所（2009）「中学生・高校生の生活と意識―日本・アメリカ・中国・韓国の比較―」
※12　国立青少年教育振興機構（2016）「青少年の体験活動等に関する実態調査（平成26年度調査）」

❸アクティブ・ラーニングをよりよくすすめるために

(1)授業の目的を教師だけでなく，生徒もわかっている

アクティブ・ラーニング自体が目的なのではなく，目的は資質・能力の育成です。その時間（やその単元全体）で何を（理解）できるようになっていれば，この学びは成立したといえるのかを生徒にわかってもらうことで，生徒も見通しを持つことができ，任せられた活動の時間

に何をすればよいかがわかり，授業に協力的に参加できるようになります。

(2)答えを出したくなる課題が提示される

良いアクティブ・ラーニングになるためには，課題の質が重要です。遠山沙矢香（静岡大学）(※13)は，「アクティブ・ラーニングで期待される『深い学び』を実現するには，多くの授業と同様に，問いの吟味がかぎになります」と述べ，課題として適切な問いの3条件を挙げており，参考になります。

①子どもたちの興味関心を引き，②子どもに深く考えさせたい題材であり，③子どもが一人では答えを出せない程度に難しいことが期待されます。

(3)もっとも理解してほしいところにアクティブ・ラーニングを入れる

アクティブ・ラーニングで学びを深めたいと思ったら，もっとも大切なところをアクティブにします。もっとも本質的なところで生徒の活動を促すためにはどうしたらいいかという視点で見直してみるだけで，随分と授業は変わります。教材にしても，必ずしもオリジナルにこだわる必要はありません。最近では優れたデジタル素材・データがいっぱいあります。それらを上手にアレンジすれば，負担も少なくて済みます。「生徒の活動を入れると進度が遅くなるのでは」と心配される方がいます。たしかに，今やっている授業にさらに「アクティブ・ラーニング」は，無理です。どこかで「削減」しなければいけません。ポイントは生徒に任せることです。例えば，教科書などの内容を確認するためにプリントの「穴埋め」をさせ，その後，生徒を一人ずつ指名して一問ごとに質問と回答を繰り返したりしていませんか。確認だけならば，グループの仲間同士でやれば事足ります。これはほんの一例ですが，今まで教師が主導してやっていたことを生徒に任せれば，むしろ授業進度は速くなる場合もあります。

(4)答えを考えるための資料がある

深い学びを生み出すためには，異なるものを比較検討することが必要になります。参照する多様な資料があることは，思考を深める上でも大切です。生徒が分担して多様な資料にあたり，それらを統合することで答えられる問いを用意する授業としてジグソー学習もあります。これはどの生徒も授業に参加できる方法となっています。

(5)仲間を作る

アクティブ・ラーニングの授業を行うと，授業の見方が変わります。それは，「教え方」の観点から「学び方」の観点への転換といってもよいものです。生徒がどのように学び，どこでつまずいたか，生徒たちの活動を中心に授業を見ると，教科・科目の違いや年齢・経験の差を超えて授業について「学び方」の観点を深めることができます。新しいことに挑戦する時には，不安はつきものです。大切なのは，生徒が協同的であるように，教師同士も協同的であることです。

※13　遠山沙矢香（2016）「アクティブ・ラーニングを通じて対話のあり型を考える」『教育と医学』2016年10月号　慶應義塾大学出版会　pp.26-30.

2 高校理科における アクティブ・ラーニングの位置づけ

　高校理科における理科の資質・能力育成が，「答申」の別添資料に整理されており，アクティブ・ラーニングの授業を考えるヒントになります。現在の高校理科の授業例を挙げます。

〈高校理科の課題〉
①現行の教育課程では，理科の「○○基礎」から3科目選択する生徒が増えたこと
　今まで理系進学者だけが選択していた科目もそうでない生徒も選択するようになった。「理科系のための理科」と「市民のための理科」，「科学リテラシーの育成」。(※1)
②理系系生徒の実力
　計算問題はできるが，科学概念が入っていない。このことは将来専門を学ぶ際にも，受験においても大きなマイナスと考えられる。2020年からの新大学入試への対応。

　この2つの課題で共通して求められているのは，学問の本質に根ざした「真性の学び」であり，アクティブ・ラーニングの目指す「深い学び」です。次の問題をみてください。

問　なめらかな水平面の上に置かれた物体に図のように5Nと3Nの力がはたらいている。もう一つの力を加えて，次の状態を作りたい。どの向きにどのような大きさの力を加えたらいいか。

(1)物体を静止させる。　　　　　　　　　　（　　）向きに（　　）Nの力
(2)一定の速さ5m／sで左向きに運動する。　（　　）向きに（　　）Nの力

　典型的な運動方程式の問題を解くことができる生徒でも，この問題をよく間違えます。ほとんどの生徒は(1)では「左向きに2Nの力」と正しく解答します。しかし，(2)については「左向きに7Nの力」と答える生徒が半数くらいいます。これは「一定の手続きに従って（すなわちアルゴリズム的に）問題を解く解答スキルと，それまで学習の過程で自動的に獲得されると想定していた概念的な理解」とに違いがある(※2)ということです。

　このような概念を問う問題では，生徒たちは各々の数学的能力や将来の進路に関係なく，それぞれが対等に意見を交わします。アクティブ・ラーニングにおいては，他者は，支え合う存在であるとともに，自分の殻を打ち破ってくれる存在でもあります。そこに，アクティブ・ラーニングにおける協同的な活動の意義があります。ですから，アクティブ・ラーニングでは生徒同士のかかわり合いをとても大切にします。そこでは教師の指示も，学習内容にかかわるものより，生徒の活動を促す，生徒同士をつなぐ言葉が多くなります。

【参考文献】
※1　2016年2月8日　「これからの高校理科教育のあり方」（日本学術会議）
※2　F・レディッシュ（2012）『科学をどう教えるか　アメリカにおける新しい物理教育の実践』丸善出版

3 本書におけるアクティブ・ラーニングのとらえ

アクティブ・ラーニングは特定の理論やスタイルを表すものではありません。そのため，授業を見る視点，評価の観点を定めにくいところがあります。そこで，本書では「論点整理」(※1)で示された三つの視点「主体的な学び」「対話的な学び」「深い学び」を縦軸とし，新たに設けた七つの

```
【キーワード】（横軸）
○体験する…………観察・実験などを通し，感性的な自然や未知の世界を体験する。
○発見する…………新たな事実・規則性や考え方，自然の豊かさ，あるいは自分の
                    「誤り」を発見する。
○活用・試行する……知識やスキル，科学的なモデル・法則を活用し，新たなアイデ
                    アを使って挑戦する。
○関連づける………学んでいること・学んだことを既存の知識や日常的体験，社会
                    的文脈などに関連づける。
○表現する…………科学的事実・手法・考察，あるいは，意見や疑問などを適切な
                    言語でまとめ，質問・説明する。
○かかわり合う……「尋ね－応える」＝聴き合う関係，支え合う関係を基に，グル
                    ープなどの活動をする。
○ふり返る…………判ったこと・判らないこと，知りたいことを整理し，自己の活
                    動を客観的にふり返る。
```

「キーワード」を横軸としてマトリクスを作成しました。「キーワード」は，「論点整理の三つの視点」に示された生徒の活動をより具体的に捉えようとするもので，授業デザインの作成の指針であるとともに，授業評価の観点になるものです。

第2章以降の実践事例においては，このマトリクスを最初に示すことによって授業者の意図・方略を明示しています。授業展開を読む際の参考にしていただければ幸いです。

【参考文献】 ※1　2015年8月26日　教育課程企画特別部会における論点整理について（報告）

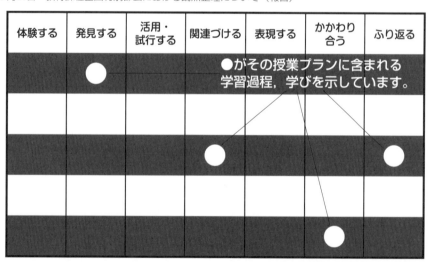

（和井田　節子・長野　修）

第2章

アクティブ・ラーニングを位置づけた高校理科の授業プラン

| 物理基礎 | 様々な力 |

物体の浮き沈みについて理解しよう

	体験する	発見する	活用・試行する	関連づける	表現する	かかわり合う	ふり返る
子供たちが見通しを持って粘り強く取り組み，自らの学習活動を振り返って次につなげる，主体的な学び			●				●
他者との協働や外界との相互作用を通じて，自らの考えを広げ深める，対話的な学び					●	●	
習得・活用・探究という学習プロセスの中での，問題発見・解決を念頭に置いた深い学び	●	●					

1 授業のねらい

浮力の概念について学び，流体中における物体の浮き沈みが，流体と物体の密度に関係していることを理解する。

2 授業づくりのポイント

生徒が浮力を学ぶ際に，まず，物体上面にかかる圧力と下面にかかる圧力差から浮力の概念を学習します。その結果として，流体の密度と浮力が密接に関わっていることを学びます。生徒達は，密度によって，物体が「浮く，沈む」という現象を理解することができます。授業では，「密度」という言葉に力点をおいてワークシートやグループでの話し合いを行います。

3 授業デザイン

時間	生徒の学習活動	教師の指導・支援
5分	1 アルキメデスの原理について，公式も含め確認する。ワークシートの「アルキメデスの原理」の部分を完成させる。（全体）	・前回のワークシートや教科書を参考にさせる。 ・ワークシートの確認を行う。
5分	2 課題1を考える。（全体）	・物体の浮き沈みについて考えさせるきっかけを作る。 ・実際のものを用意して生徒に考えさせる。 ・生徒の意見を聞きながら，「水を入れて浮かべて出す」という解答が出るまで生徒に聞いて回る。
10分	3 教科書を参考にワークシートを完成させる。（2人ペア）	・わからなければペアまたはグループの生徒に聞いてもよい旨を全体に指示する。
5分	4 ワークシートの解答を確認する。（グループ）	
10分	5 課題2を考える。（グループ）	
5分	6 実際に演示実験を行う。 水銀に浮く銅製ボール	・水銀は毒性が強いので，教師もマスクをし，注意しながら実験を行う。
10分	7 物体の浮き沈みについて，理解できたことをまとめ，生徒同士で説明する。（2人ペア）	・生徒一人一人の様子をしっかりと観察し，次回の授業につなげる。

4 授業展開例

前回までの授業で，水圧，アルキメデスの原理について学習してきました。その原理を使って，物体にはたらく浮力の大きさについての公式とその練習問題も行っています。本授業では流体中の物体のふるまいとして，その浮き沈みについて理解を深めていきます。

まず，前回の授業の復習（本時の授業の準備でもある）として，ワークシートにある，【アルキメデスの原理】の部分を完成させます。

ワークシート確認の際，浮力の公式の中に入っている，流体の密度に着目させます。特に何をするというわけではありませんが，この声かけで生徒たちは，流体の密度という言葉に注意を払うようになります。

> **課題1**
> 左図のようなガラス瓶に入っている木製のボールを
> 取り出す方法を考えなさい。
> ただし瓶を逆さにすることはしない。

ガラス瓶の中の木製ボール

教　師　どんな方法がある？
生徒A　吸引力の高い掃除機で吸う。
生徒B　先のとがったものでたこ焼きをつつくようにして取り出す。
　　　　　︙
生徒E　水を入れて，浮かんできたところを手で取り出す。

授業デザインにも書きましたが，生徒たちからは，様々な意見が出てくると思います。ですので，生徒Eのような意見が出るまで生徒の意見（その意見が出てこなかった場合は，教師の方から少しヒントを出してあげる必要があるかもしれません）を聞き続けます。しかし，ほとんどの生徒は「木が水に浮く」ということを経験的に知っているに過ぎないのでこの課題を通して，物体の浮き沈みについて考えるというき

学び合う様子

っかけを作ります。

　ワークシートの【物体の浮き沈み】の部分を完成させます。この部分についても，教科書を参考に完成させますが，数式が出てくる場面ですので，2人グループで行い，互いに聴き合う関係の中で作業を進めていきます。この時，教師は，生徒の様子を観察し，次のグループ活動で支援が必要な生徒がいないかどうか確認しておきます。

　ワークシートの完成具合を見て，4人のグループでワークシートの答え合わせをします。数式が苦手な生徒には，グループ内の生徒から，説明させるよう指示します。

課題2

左図のようなガラス瓶に入っている銅のボールを取り出す方法を考えなさい。
ただし，瓶を逆さにすることはしない。
銅の密度は8.96［g/㎤］とする。

ガラス瓶の中の銅製ボール

生徒A　磁石を使えば取り出せるね。
生徒B　銅って磁石にくっついたかな？
生徒A　10円玉って磁石にくっつかないから磁石はダメだね。
生徒D　木のボールと同じ方法でできないかなあ。
生徒C　でも銅より密度の高い液体ってある？
生徒D　うーん……。

　「銅より密度の高い液体」という言葉が出れば，具体的な物質名は出てこなくても，本時のねらいはクリアできていると考えてよいと思います。残り時間や生徒の様子を見て，余裕があれば，物質名がわかるようなヒントをグループに与えてあげてもよいと思います。ある程度，意見も出てきたところで，確認のため，演示実験を行います。この時，水銀という特殊な金属について少し説明し，生徒には，その質量を実感させるため，水銀の入った瓶を手に持たせます。その上で，水銀を瓶に注ぎ，実際に銅が水銀に浮いている様子を見

実際の様子

せます。

　生徒は金属が浮かんでいるという状態にまず非常に驚くとともに，水以外の物質が液体となっている様子を見て，物体が浮く，沈むということが，その流体の密度と密接に関係しているということが印象づけられます。

　最後に，2人グループになって，ワークシートの【まとめ】を行い，物体の浮き沈みについて説明し合います。

5　評価について

　ワークシートを回収して確認するとともに，生徒が書いた最後のまとめを見て，その生徒の理解度を測ります。また，最後の2人グループでの説明の時にどんな説明を相手にしているのかをしっかりとチェックします。今回の授業では，課題2の答えに到達できないグループもありました。

（飯島　輝久）

6 資料やワークシート

物体の浮き沈みについて理解しよう

（　）年（　）組（　）番　氏名（　　　　　　　）

【アルキメデスの原理】

密度 d [kg/m³] の水中に、体積 V [m³] の物体が沈んでいるとき、物体のうける浮力 f [N] は、重力加速度を g [m/s²] として、

$$f = （　　　　）$$

> 課題1
> 左図のようなガラス瓶に入っている木製のボールを取り出す方法を考えなさい。
> ただし瓶を逆さにすることはしない。

【物体の浮き沈み】

密度 d [kg/m³] の液体中の深さhのところに質量 m [kg]、体積 V [m³] の立方体が静止している。この物体が液体に浮かぶ条件を考えよう。ただし、重力加速度を g [m/s²] とする。この物体にかかる重力 W は、

$$W = （　　　　）$$

となる。また、この物体が液体からうける浮力 f は、アルキメデスの原理より、

$$f = （　　　　）$$

となる。この物体が、液体に浮かぶとき、f と W の関係は、

$$（　　）＞（　　）$$

となるので、この式を d について解くと、

$$d ＞（　　　　）$$

となる。上式の右辺は、物体の（　　）を表すので、物体の密度が液体の密度よりも小さい時、物体は水に浮かぶことになる。

> 課題2
> 左図のようなガラス瓶に入っている銅のボールを取り出す方法を考えなさい。
> ただし、瓶を逆さにすることはしない。
> 銅の密度は 8.96 [g/cm³] とする。

【まとめ】

液体中にある物体の浮き沈みについて説明しなさい。説明の際には、次の語を必ず用いなさい。浮力・密度

| 物理基礎 | | | | | | | 運動の法則 |

定性的な問題で「運動の法則」の理解を深めよう

	体験する	発見する	活用・試行する	関連づける	表現する	かかわり合う	ふり返る
子供たちが見通しを持って粘り強く取り組み，自らの学習活動を振り返って次につなげる，主体的な学び		○					
他者との協働や外界との相互作用を通じて，自らの考えを広げ深める，対話的な学び					○	○	
習得・活用・探究という学習プロセスの中での，問題発見・解決を念頭に置いた深い学び				○			○

1 授業のねらい

定性的な問題を扱いながら，運動方程式の意味を理解させる。

2 授業づくりのポイント

運動方程式はとてもシンプルなものですが，物理学を貫く重要な基本法則を表したものです。そのため，典型的な例題を計算できても，概念の理解は難しくその定着率は低い状態です。そこで，ここに出てくる概念（質量と「直接」はたらく力）に注目して，定性的な問題を扱うことによって，その概念の定着を図ります。特に，静止した状態と加速度運動している状態を比べることによって，質量の意味（加速運動している時にのみその効果が現れること）の理解を目指します。

3 授業デザイン

時間	生徒の学習活動	教師の指導・支援
5分	1 問題4を読み，予想を立てる。 （コの字） ・挙手により，予想の確認。	・本時の説明 「今日の授業は，問題4が理解できることです。」 問題4を一緒に読み，内容のの確認をする。 「先ずはじめに問題4の予想を書きなさい。」
	4．それぞれの物体は静止している。また，摩擦はないものとする。 (1) 下図において糸の張力の大きい順に並べよ。 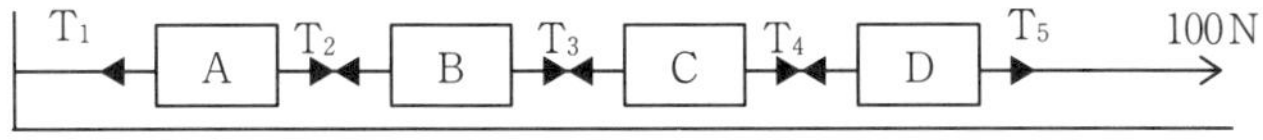 T_1 — A — T_2 — B — T_3 — C — T_4 — D — T_5 → 100N 物体A：4kg　物体B：3kg　物体C：2kg　物体D：1kg (2) 次に左の糸を切ると物体は動き始めた。糸の張力の大きい順に並べよ。 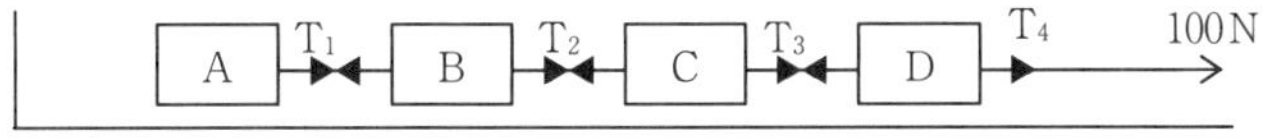 A — T_1 — B — T_2 — C — T_3 — D — T_4 → 100N 物体A：4kg　物体B：3kg　物体C：2kg　物体D：1kg	
10分	2 問題1に取り組み，解答をホワイトボードに書き，黒板に貼る。（4人グループ）	・どれもはたらいている力・物体の質量の合計が同じであることを確認させる。特に，力の矢印を記入することにより，どれも同じ現象であることを確認させる。
10分	3 問題2を行う。（4人グループ）	・はたらいている力は同じであるが運動する物体の質量の合計が異なることを確認する。
10分	4 問題3を行う。（4人グループ）	・運動している場合と静止している場合では力のはたらき方が異なることを確認する。
10分	5 再び，問題4に取り組む。（4人グループ） 解答をホワイトボードに書き，黒板に貼る。	・全体で問題4の確認を行う。
5分	6 問題5を行う。（4人グループ）	・台車を使って確認の演示実験を行う。

4 授業展開例

本日の授業の説明を行った後,問題4を各個人で取り組ませ,その後予想を立てさせました。その予想を挙手により全員で確認,結果は以下の通りです。

4.それぞれの物体は静止している。また,摩擦はないものとする。
(1) 下図において糸の張力の大きい順に並べよ。

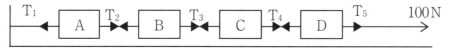

物体A:4 kg　物体B:3 kg　物体C:2 kg　物体D:1 kg

(2) 次に左の糸を切ると物体は動き始めた。糸の張力の大きい順に並べよ。

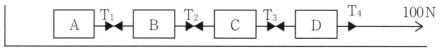

物体A:4 kg　物体B:3 kg　物体C:2 kg　物体D:1 kg

生徒予想

(1) T_2とT_5どちらが大きいか
　T_2が大きい　9人
　T_5が大きい　19人
　両方同じ　　　10人

(2) T_1とT_4どちらが大きいか
　T_1が大きい　2人
　T_4が大きい　27人
　両方同じ　　　8人

ここまでがクラス全体での活動で,これ以降は4人グループでの活動となります。
次に,問題1に取り組みます。

生徒A　台車Aは2 kgなの?
生徒B　違うよ。台車Aと2 kgの物体だよ。
生徒C　(1)と(2)は摩擦はないし,(3)も水平にすればみんな同じじゃない。
生徒A　(1)と(2)は同じだと思う。
生徒B　例えば,Aが10 kgとするじゃん。(1)と(2)の問題では12 kgを20 Nで引いていることになる。だけど,(3)は20 Nで10 kgを動かしている。だから,(1)と(2)は同じだけど(3)は違うと思う。

生徒C あっそうか。

　生徒Cは力の矢印を描くことにより正解に近づいたが，自信が持てず，結局，この班の意見は「(3)＞(1)＝(2)」となりました。

　グループ活動を10分程度行った後，ホワイトボードに各班の考えを書き，黒板に貼り出しました。

各班の予想結果　（　）内は班の数
　「(3)＞(2)＞(1)」（１つ）　　「(3)＞(1)＞(2)」（１つ）
　「(3)＞(1)＝(2)」（５つ）　　「(1)＝(2)＝(3)」（３つ）

---

　(3)の問題では，先ほどの生徒Cのように「20Nの力で台車Aを動かしている」と考えている生徒が多かったようです。

教　師　（「(3)＞(2)＞(1)」と考えた）４班はどこかの班に質問はない？
４　班　なぜ「(1)＝(2)」となるのかわからない。
１　班　（先ほどの生徒Cが）(1)と(2)は同じ質量を同じ力で引っ張っているから。
教　師　１班はどこかの班に質問はない？
１　班　全部イコールのところ。９班。
９　班　Ｂは２kgで20Nの力で引っ張られて動いているから。

　この段階で，全員がまだ納得してませんでしたが，「(1)＝(2)＝(3)」と答えた８班の生徒Dが，質量のわからない台車Aの質量を「m」として三つの場合の加速度を計算してしまいました。そこで，すべて加速度が同じであることが判明しました。黒板の図に力の矢印を記入して，三つの場合とも「20Nの力で台車AとBの両方を加速させている」ことを確認しました。

課題に取り組む生徒

　次に問題２に取り組みました。６分くらい経過したところで，全体で確認。

教　師　今見て回ったら，左が大きいという人と同じくらいと言う人が半々くらいでした。（先ほどの問題でなかなか理解できなかった４班の生徒Eに）どうですか？
生徒E　さっきの問題のように左にはBの重さが入っていないのでAの方が大きい。
教　師　他にどうですか。

生徒F　Aの質量を「m」とすると左の加速度は20／mになるが，右は20／(m＋2) になり左の方が加速度は大きい。

　次に問題3に取り組みました。2分後くらいに9班に答えを黒板に書いてもらい，質問しました。

教　師　今見て回ったら，T_1とT_2が同じだと答えた人が多かったけど，どうしてですか？
生徒G　つり合っているから。
教　師　図2では，物体Bは下向きに加速度運動しますが，Bにはたらく重力（80N）と糸の張力はどちら小さいですか。また，T_3と80Nはどちらか小さいですか。
生徒G　糸の張力の方が重力よりも小さくて，糸の張力はT_3と同じだからT_3も80Nより小さくなる。
教　師　このように物体が運動し出すと糸の張力は変わってしまいます。

課題に取り組む生徒

　再度問題4に挑戦して，各班の答えをホワイトボードに書いてもらい，黒板に貼ってもらいました。どの班も概ね2分程度で正解にたどり着きました。

教　師　この結果を説明できますか？
生徒H　(1)の問題はつり合っているのですべて同じ。(2)はT_4は100N。動き出しているので，T_3はT_4より小さい。同様にT_2はT_3より，T_1はT_2より小さくなる。

　最後に，台車とばねを使った演示実験をしました。ばねの伸びによって，静止している場合は，「ばねの伸びは同じ」，「動き出すとばねの伸びに差が出てくる」ことを確認しました。

　本授業では，時間が足りなくなり，問題5に取り組む時間がありませんでした。しかし，当初目指した「問題4を理解する」目標を概ね達成できました。

台車とばねを使った演示実験

（長野　修）

5 資料やワークシート

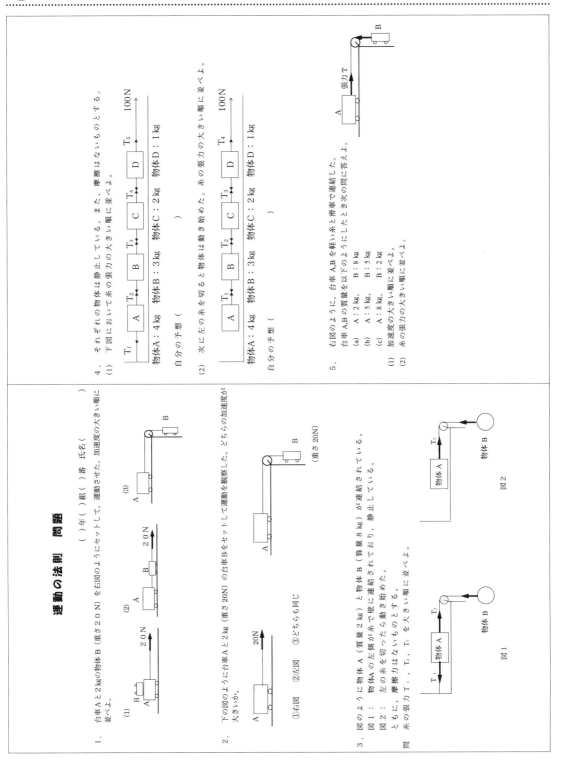

運動の法則 問題

（ ）年（ ）組（ ）番　氏名（ 　　　　　）

1. 台車Aと2kgの物体B（重さ20N）を右図のようにセットして、運動させた。加速度の大きい順に並べよ。

   (1)　(2)　(3)

   ①右図　②左図　③どちらも同じ

2. 下の図のように台車Aと2kg（重さ20N）の台車Bをセットして壁に運結して観察した。どちらの加速度が大きいか。

3. 図のように物体A（質量2kg）と物体B（質量8kg）が連結されており、静止している。
   図1：左側の糸を切ったら動き始めた。
   図2：右側の糸を切ったら動き始めた。
   ともに、摩擦力はないものとする。
   問 糸の張力 T_1、T_2、T_3 を大きい順に並べよ。

4. それぞれの物体は静止している。また、摩擦はないものとする。
   (1) 下図において糸の張力の大きさの順に並べよ。

   T_1 A T_2 B T_3 C T_4 D T_5 100N
   物体A：4kg　物体B：3kg　物体C：2kg　物体D：1kg
   自分の予想（　　　　　）

   (2) 次に左の糸を切ると物体は動き始めた。糸の張力の大きさの順に並べよ。

   T_1 A T_2 B T_3 C T_4 D 100N
   物体A：4kg　物体B：3kg　物体C：2kg　物体D：1kg
   自分の予想（　　　　　）

5. 右図のように、台車A,Bを軽い糸と滑車で運結した。台車A,Bの質量を以下のようにしたとき次の問に答えよ。
   (a)　A：2kg、　B：8kg
   (b)　A：5kg、　B：5kg
   (c)　A：8kg、　B：2kg
   (1) 加速度の大きさの順に並べよ。
   (2) 糸の張力の大きさの順に並べよ。

| 物理基礎 | 物体の落下運動 |

予想をたて，話し合い，実験を通して法則を見つけよう

	体験する	発見する	活用・試行する	関連づける	表現する	かかわり合う	ふり返る
子供たちが見通しを持って粘り強く取り組み，自らの学習活動を振り返って次につなげる，主体的な学び	●						
他者との協働や外界との相互作用を通じて，自らの考えを広げ深める，対話的な学び					●		
習得・活用・探究という学習プロセスの中での，問題発見・解決を念頭に置いた深い学び		●					

1 授業のねらい

慣性の法則に気付き，放物体に働く力を図示できるようにする。

2 授業づくりのポイント

「慣性の法則」そのものは中学校で学んでいて，ほとんどの生徒はその言葉を知っていますが，本当の意味での理解はされていません。そのことは，放物体に働く力の矢印を書かせてみると明らかで，ほとんどの生徒は正しく書くことができません。これは慣性の法則を正しく理解できていない証拠です。ところが，力の矢印は空想上のものであって実験的に存在を証明できません。すると，授業においては〈どのような力の矢印を書くのが正しいか〉という問いに対して〈教師による押しつけが発生しやすい〉という事態が現れてきます。

そこで，実験問題に対して結果を予想し，その結果から物体に働く力の矢印を無理なく想像できる問題とその構成の工夫が必要となっていきます。

3 授業デザイン

時間	生徒の学習活動	教師の指導・支援
5分	1 これまでに学んだ「慣性の法則」の意味を確認する。（全体）	・動くものと動かないものに対して，それぞれどのようなふるまいをするか確認する。
15分	2 〔問題1〕を読む。（個人）	・問題を読んでくれる生徒の読み方で，問題の理解の様子を観察する。
	問題1　同じ高さからのビー玉の自由落下Aと水平投射B　AとBでどちらが先に床につくか問う問題。	
	3 問題の意味を確認する。（全体）	・問題の意味を理解させるために具体物を操作し，どんな結果になればどの予想が正しいか示す。
	予想　自由落下Aと水平投射Bの実験結果を考え，選択肢より一つ選ぶ　ア　自由落下Aが先　イ　水平投射Bが先　ウ　同時につく	
	4 選んだ予想について理由を発表する。（個人）	・予想を挙手で集計し予想分布を板書する。選んだ予想について理由を聞くが，理由はどんなものでも容認し，生徒が発言しやすい雰囲気を作る。
	5 教師実験の結果を見て，どの考えが正しいか確認する。（全体）	・結果が全員に明確にわかるように注目させる。結果を自分の言葉で記録させる。
15分	問題2　落下する途中のビー玉に働く力　自由落下Aと水平投射Bのビー玉に働く力の矢印を書く。	
	6 相談をしないで自分の考えで作図する。（全体）	・机間巡視して作図パターンを記録し板書する。全員が必ずどれかに属するように確認させる。
	7 どの考えを支持するか挙手し，理由を発表する。（個人）	・ここでは実験的に証明できないので，「科学者の考えを伝える」という方法をとり，次の問題で明らかになることを伝えて，ここでの解決を留保する。
15分	問題3　水平投射のビー玉が飛ぶ軌跡　ビー玉の通過点を予想する。（0.1秒ごと）	
	8 通過点を作図する。（個人）	・20cm，および80cm落下点について予想を聞く。
	9 実験結果より前問の正答図を確認する。（個人）	・水平方向は加速していないことから，慣性の法則により力の矢印は存在しないことを確認させる。

4 授業展開例

前回の授業で「一定の速さで動いている台車からビー玉を真上に打ち上げると，ビー玉はどのあたりに落ちるか」という実験問題を行っています。また，これまでの授業の中で「慣性の法則」も学んでいます。本授業では，実験問題に対して慣性の法則を使って考えることができるかを追求していきます。

問題1　二つの同じビー玉AとBを，Aは真下に落とし，Bは真横に打ち出す時，どちらのビー玉が先に床につくか。
予想　ア．Aが先につく
　　　イ．Bが先につく
　　　ウ．同時につく

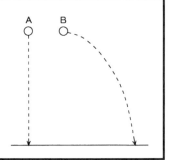

予想分布	1組	2組
ア	12人	15人
イ	1人	1人
ウ	18人	16人

予想を聞きながら分布を板書します。人数の少ない予想から，予想を選んだ理由を聞いていきます。どんな理由であってもそれを認めます。自由に発言できる雰囲気を大切にします。

生徒A　（イ）Aはその場で手をはなすだけで，Bは押す力で横に投げている力が加わっているので力が加速を生んで速く落ちる。
生徒B　（ア）BのほうがAに比べて進む距離が長いので，Aの方が速く落ちる。
生徒C　（ウ）Bは投げるから運動の力がかかっているから距離は長いけど速く落ちるけれど，Aは直線で距離が短いから同じ。
生徒D　（ウ）ビー玉の重さが同じだから。

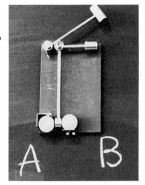

A自由落下，B水平投射

　実験でどの考えが正しいのかを確かめます。人間がこの実験をやると信用が低いので，自動でできるこんな装置を用意しました。上に止まっているハンマーが左回りに回転して降りてきます。すると，たての棒をたたくので，Aは真下に落ち，Bは横に飛びます。同時にスタートする装置です。これ，評判がいいみたいです。その結果，同時に着地しました。ウが正解。

ウの理由は正確な表現ではありませんが，正しい理解には時間を要するのでここではそれを指摘しないでそのまま進みます。授業が進むにつれて理解が深まります。

> **問題2** 落下していくビー玉にはどんな力が加わっているでしょうか。図のそれぞれの位置にあるビー玉に加わる力の矢印を書き入れましょう。どの考えが正しいか，先生に答えを教えてもらいましょう。

さっきやった実験結果をコマ送りで図にしたものを配布しました。ビー玉は両方とも同時に床についたのですから両方とも同じ高さだけ真下に落ちていきます。

ここではAのほうは，ヒントとして力の矢印の「地球の引力＝重力」を書いてあります。問題はBのほうです。みなさんの考えはどうでしょうか。

両方のクラスで出たものを合わせると7通りありました。そのあと，どうしてそのような図を書いたのか，それぞれについて簡単にコメントしてもらいます。それぞれには，それなりの理由があります。

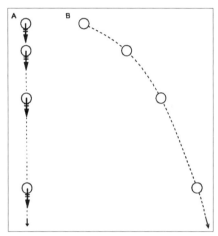

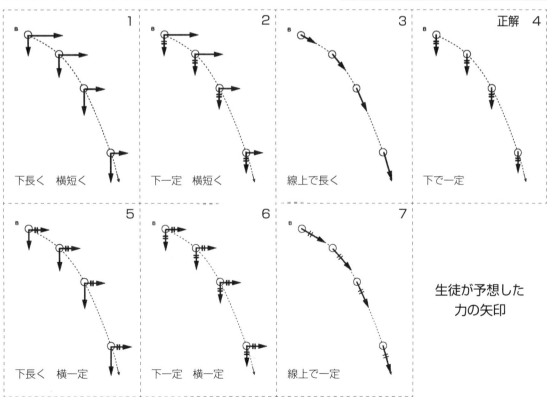

生徒が予想した力の矢印

しかし，この問題は実験的に解決できませんので，問題文の中には「先生に答えを教えてもらいましょう」とあります。正解は４番目ですが，ほとんどの生徒は納得していません。

ここではあえて教師が説明することを避けています。それは，説明することは見えない力の存在を押しつけることになるからです。それよりも疑問を鮮明にして次の実験問題の結果によって力の存在を自分自身で理解・納得する方法をとります。実験問題は「横方向の力が働いているのか否か」を検証するものになります。

問題３ ビー玉を水平方向に１ｍ／秒の速さで飛び出させた時，ビー玉がどのような形を描いて飛ぶでしょうか。0.1秒ごとの位置を書きましょう。

実物大の台紙を黒板に貼り，発射台（ホースで坂道を作る）を取りつけてビー玉を真横に１ｍ／秒で飛び出すようにします。生徒は作図用のプリントに0.1秒ごとのビー玉通過点を〇で記入します。実験は落下距離20cmの場合について検証します。

予想を聞く中で代表的な数値（図中のＡ）に磁石に鉄製抜型をはめた標的を立ててビー玉が命中するかどうかで判定します。同様に落下距離80cmについても予想してもらい，多かったＢの場所に標的を立てて実験します。するとどちらの場合もＡとＢに命中します。

その結果，ビー玉がえがく飛び方は右図のようになります。ここで，注意したいのは〈横方向の移動間隔は一定〉ということです。したがって，右方向の移動の速さは一定ですから〈力は横方向には働いていない〉ということを慣性の法則から実感することになります。

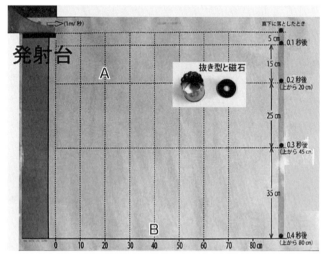

発射台つき実物大の台紙

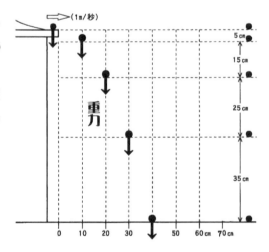

5 評価について

　毎時間の最後には簡単な授業感想文を書いてもらっています。毎時間のことなので簡潔に表現しますが，正直な気持ちを吸いあげることができます。慣性の法則が生きていることに気付く生徒があらわれはじめています。

生徒A　真相がわかってスッキリした。
生徒B　横→はなかった。どっちも重力しかかかってなかったことに驚いた。
生徒C　横に動いているのに，横向きの力は働いていなかった。すごく不思議だけどよくわかった。
生徒D　なぜ横に力がかからないのかよくわかった。
生徒E　真下に落ちるビー玉と横に落とすビー玉が同じ時間に落ちるのは，両方のビー玉に一定の重力があるからだと知りました。
生徒F　重力は同じだけ働く。横には力が働かない。
生徒G　ビー玉を横方向に落とすと10cmずつ増えるのがびっくりした。
生徒H　すべて同じ力が下向きに働いていることはわかりやすかった。
生徒I　今回は見えない力の実験で難しかったけど，たのしかった。
生徒J　ビー玉を横に投げると下に向かって重力が働くことがわかった。
生徒K　引っ張っているものは地球だということがわかりました。
生徒L　球に重力しか加わっていないなんて不思議です。
生徒M　横から落ちても，上から落とす時の重力と違いはない。表とぴったりですごかった。
生徒N　慣性の法則はちょっと難しい。引っ張るのは地球だけだとわかった。
生徒O　地球が下に引っ張るから下に力が働いて，横に行く力はないということがわかった。
生徒P　やっぱり慣性の法則って不思議です。

6 資料やワークシート

　この授業で扱いましたワークシートは仮説実験授業の授業書《慣性の法則と放物運動》の第2部「放物体の運動と相対性原理」をそのまま使用したものです。具体的内容につきましては仮説実験授業研究会または仮説社にお問い合わせください。

（名倉　和弘）

| 物理基礎 | | | 運動エネルギーと位置エネルギー | | | | |

エネルギーとはどのようなものか，現象の事実を観察して発見しよう

	体験する	発見する	活用・試行する	関連づける	表現する	かかわり合う	ふり返る
子供たちが見通しを持って粘り強く取り組み，自らの学習活動を振り返って次につなげる，主体的な学び	●		●	●	●		●
他者との協働や外界との相互作用を通じて，自らの考えを広げ深める，対話的な学び	●	●		●	●		
習得・活用・探究という学習プロセスの中での，問題発見・解決を念頭に置いた深い学び	●	●		●			●

1 授業のねらい

「本当は何が起きているのか」事実を観察することから，関係する「量」を捉え，自然の世界の成り立ちを発見させる。

2 授業づくりのポイント

自然を表す数式には物語があります。それは，自然が，他の自然と関係してあるということから来るものです。授業では，そのような「自然の成り立ち」を，生徒たちが現象の体験と事実の観察を通して捉え，関係する量を手掛かりに新しい物理量「W」の存在を気付き，「エネルギーの概念」を発見していくことを目標としました。「W」とは「仕事」のことです。その定義を与えられるのではなく，生徒自身が発見する授業を考えました。自然の未知と対峙し，自然がどのようになぜそう振る舞うのかを，どう考えたらよいのか，問い，発見し，理解に近づいていく，その過程に，生徒たちが楽しさと驚きを経験し冒険することを目指しました。

3 授業デザイン

時間	生徒の学習活動	教師の指導・支援
25分	1 実験：滑車を使って，自分で自分を持ち上げることを体験，共有。	・授業の観点，目標を伝え，共有。 ・安全に配慮し，できるだけ多くの生徒に体験させる。
	問い　持ち上がったね！　ひもを引く力はどのくらいに感じた？　軽い？　どうして？	
	2 なぜ体重より小さな力で持ち上がるのか？　問いを持って観察，討論。 3 観察：てこの特徴を見つける。「力の大きさ」だけでなく「動いた距離」も違ってくることを発見。	・本質的な問いに気付かせ，言語化させる。 ・一体何が起きているのか，観察の立ち位置を示す。 ・滑車と似たものを観察させる。 ・人が乗れる大きさのてこ，釣り竿，竹刀等を用意。 ・観察した力の大きさと移動した距離を可視化。
20分	問い　てこの「加えた力」と「動いた距離」は，何か関係があるだろうか。	
	4 関係を言語化して表現。「W＝加えた力×力を加え続けた距離はてこを使っても変わらない」を発見。	・関係の表現が適切になるよう問いかけ修正。
20分	問い　Wは新しい量だね。発見したこの関係は，滑車でも成り立つだろうか。	
	5 滑車実験観察：成り立つことを理解。	・自分で引いたロープの長さがわかる様にアシスト。
25分	課題　滑車で自重より小さな力で持ち上がる不思議にどう答えたらよいだろう。	
	6 力の大きさだけを考えていたのでわからなかったという気付きを得る。	・物が1m上がるという同じ効果に対応する，同じ大きさを持つ，力とは別の量の存在を連想させる。
	課題　驚異の天秤　ロバーバル・バランス　70年間，誰も解けなかった謎に挑む。	
	7 テーブル毎に実験と観察から考える。	・上皿天秤，キッチン秤の仕組みも見せる。
15分	問い　いよいよ核心に迫ろう。高さが違うところにある同じ物体は，何が違う？	
	8 高い所にあるものは，他の何かを持ち上げることができる。	・Yes！　そうすることのできる何かを持っているんだね。
25分	問い　他の何かを持ち上げることのできる「何か」の大きさをどう表現できるだろう？	
	9 重さ×高さ＝重力×高さ＝mgh　エネルギーの発見。	・重力の位置エネルギーという概念を紹介。
50分	課題　エネルギーが事件の前後でその合計は変化しないとはどういうことか。 　　　僕らが発見したWという量は，何だったのか，何を表す量だったのか？	
	10 グループ毎に位置エネルギーが変化する具体例を挙げて議論し，発表。	・Wとは，エネルギーの移動量。ジュールの実験を紹介。 ・種々のエネルギーとその量を表現できるようになった。

※90分×2回＝180分の指導案となっている。

4 授業展開例

　エネルギーというものを視野に量を追いかけることを通して，身近な自然の世界の成り立ちを考えることを主題としてこの単元の授業は始まりました。

　プログラムは二部構成で，前半は，生きていくのに，葉が何枚必要か―光量子と葉と僕たちの物語。

　後半は，エネルギーという考えが，どのように生まれるのか―新しい概念発見の物語。

　ここでは，後半のエネルギー概念を生徒たちが発見するまでの授業実践例を紹介します。

《冒険》―授業の観点と目標の共有

　「量を計算することは煩わしく見えることもあるけれど，僕ら人類は，世界を量的に捉える生物である，ということをこれから見ていきます。そして，今まで使ってきた『エネルギー』という言葉が意味することとはいったい何なのか，という本質的な問いに『自分たちで答える』ことに挑みたいと思います。」

《実験！　自分で自分を持ち上げる》―未知との遭遇

　天井のフックに滑車をかけ，実験者が座った椅子にひもを結びつけ，それを滑車に通し，それを実験者が下に引きます。この装置で自分で自分を持ち上げることができるだろうか。

　みんなで実験。はじめは，他の人に引っ張ってもらう。それから同じくらいの体重の人を自分も引っ張り上げてみる。やってみるとなかなか大変！　でも面白い。そして，次。いよいよ自分で自分を持ち上げてみると……おおっ，上がる。意外と行く。天井まで行っちゃう生徒も。拍手も起こる。なんだか運動会みたいになってきた，楽しい！

教　師　ひもを引く力はどのくらい？
生　徒　自分の体重より軽そう……わかんないけど，半分くらいかな。
教　師　仮にそうだとして，どうして半分になるのだろう？
生　徒　2本のひもで持ち上げていることになるから！　1本あたりは半分になる。
教　師　なるほど，他の人はどう？
生　徒　そう言われると，そうか〜と思うけど……前にサッカーゴール皆で運んだ時，持つ位置によって重さが違った。2本だから均等に半分に本当になるのかなって思う……
　　　　（―これは言葉に誘導されず，経験に照らし合わせた，なかなか鋭い観察）
教　師　ほうう，なるほど，面白いねえ。角椅子でやってみる？
　　　　二人で持ってごらん，こっちとあっちと―おお，確かに違うね。他には？
生　徒　2本だからって言われると納得しちゃいそうだけど……でもひもはつながっているか

　　　　　　ら1本なんじゃないの……（―そう！これも鋭い指摘，実は1本であることが重要）
生　徒　そっかー，確かに。（この議論は授業終了後，放課後も続きました）
教　師　その他に気になることは，ない？

　ここで，「滑車をこのように使うと，直接自分を持ち上げるよりも小さな力で持ち上がることが体感できたね。でもよく考えてみて。何かおかしくないだろうか？」と投げかけ，
　「50kgの人を持ち上げるにはどうしたって50kg以上の力が必要なはず。」
　「それより小さい力で持ち上がるのは，よく考えると変ではないか。不思議だ。」
　「どうして体重より小さな力で持ち上がるのか？」
というこの素朴で本質的な不可解さが生徒から出るのを待ち，引き出し，言語化し，これをクラス全体で共有し，滑車で一体何が起きているのかを，今度はてこを観察することから考えます。

生　徒　「てこ」もよく考えると確かに変。小さな力で重いものを動かせる。
生　徒　うん，そんなこと考えたこともなかった。てことはそういうものだと思っていた。
　　　　おお～なんか新しい感じ。　でもどう考えていいかわからない。

《てこをよく観察してみると》―使っても使わなくても同じ！
　　　　　　　　　　新しい？　てこの原理が見つかった

教　師　OK，てこの特徴はどんなこと？（てこに乗って，動きも観察して，言語化）
生　徒　小さな力で大きな力，てこの原理，腕の長さかける重さが左右同じ。小学校で習った。
教　師　うん，じゃあこれは？……釣竿。これもてこ。どう使う？　やってみて，観察して。
生　徒　手元をちょっと動かすだけで，先端をたくさん速く動かすことができる，ほら。
生　徒　力の「大きさ」だけでなく，動いた「距離」も「速度」も違ってくる。へえ～。
教　師　Good，剣道の竹刀もそうだね。　古武道の早業の映像を見てみようか。
教　師　ところで，これらの「加えた力」と「動いた距離」とは何か関係があるだろうか。

　釣竿や，竹刀の動きの観察から見えてきたことは，てこを使うと，力の大きさだけでなく，力点と作用点で移動する距離も変わるということ。この力と距離という二つの量を可視化し，変化を観察すると「W＝加えた力の大きさ×力を加え続けた距離」という量が，てこの力点側，作用点側で同じ大きさであることへの気付きが生まれます。そして，この値は，「てこを使っても，てこを使わなくても，変わらない」という驚きの法則が姿を表します。では，このWは不変であるというてこの法則は，滑車でも成り立っているのだろうか？　この検証は，実

に不思議で印象的なものになります。

《なんで２m？》―てこと滑車違うことの中にある同じこと

教　師　この装置で自分で自分を１m持ち上げるとすると，何m引く必要がある？
生　徒　１m引けば，１m上がる
教　師　やってみよう。手伝って。ひもに印をつけてね。
　　　　まず，外の人が１m引くと，１m上がる。ひもは，１mだけ動いたね。
　　　　じゃあ自分で自分を持ち上げる場合は？　その人はどれだけ引いてる？

　ひもに印をつけると２mだが，どうして２mになるのかがわからない！　何度も，黒板に貼り付けた模型の滑車を動かして，ついに，自分も１m上がるからだ！　とわかって笑顔になる。
　この発見は実に不思議で印象的。てこと同じことが滑車でも成り立っていました。

《力だけを見ていては，答えられなかった》―新しい概念を持つことの意味
　滑車や，てこは必要な力を小さくすることができるが，それだけ長い距離，力を加え続ける必要があるのだとわかると，てこと滑車の不思議に自ら納得できる答えを得ることができます。
　私たちの疑問は，持ち上げるのにどれだけ必要な力が小さくなるかというだけでなく，なぜそのものの重さより小さい力で持ち上がるのかという所にその核心がありました。この疑問の面白さと困難は，力の問題なのに力だけを見ていては答えられないという所にあります。Wという量は，方法が違っても物が１m持ち上がるという同じ効果に対しては，同じ大きさを持つという，力とは別のある量でした。この新しい量を知ることで世界の風景が変わりました。この発見は力だけを見るのではなく，それとともに変化するものを見つけ，その関係を捉えることによって見え方が変わり，自然が他と関係してあるという自然の成り立ちの姿を見せてくれたのです。

《驚異の天秤》70年の謎に挑む―身近な道具の中に組み込まれていた自然の仕組み
　ロバーバルの静止の謎（Roberval's static enigma）。1669年に考案されたこの画期的な天秤は，品物や重りをどこに乗せても同じ重さなら必ず釣り合うという上皿天秤。なぜそんなことが可能なのか，発明した本人も当時の人も説明がつかず，謎が解けたのは70年後でした。この不思議な天秤の謎に生徒たちが挑みます。グループで実際に天秤を作り，動かし，そして「W」を観察すると，重りの位置に関係なく，その値が一定であることがその平行四辺形の構造からわかってきます。誰もが知っている学校の上皿天秤に，皿の中央に物を置く必要がない＝天秤の腕の長さが変わってもよいという，とてつもない不思議があることに，この仕組みを

知らなければ多くの人が気付くことがなかったでしょう。

《エネルギーを発見する》─高さの違うところにある二つの同じ物体は何が違う？

教　師 さて，いよいよ核心に迫っていこう。
　　　　 ここに高さの違うところにある二つの同じ物体がある，何が違うだろう？
生　徒 高いところにある物体は，てこや滑車を使ったりして，他の何かを持ち上げることができる。低い方は，それをした後の状態だと思う。
教　師 OK，高所にあるものは確かにそうすることのできる「何か」を持っているね。
　　　　 その「何か」とは一体何だろう？
生　徒 …エネルギー？？　エネルギーだ！

　そこでそれを知るために，持ち上げることのできる「何か」の大きさを知ろう，と投げかけると，それは「物体の重さと高さの積」で表すことができる，という観点が自然に出てきます。重さとは何か，重力と違うか同じか，それらは何によって決まるのかという議論を経て，物体にかかる重力の大きさも，物体とそれを引く地球が持つ量，mとgで決まることを知ると，ついに，高さhにある質量mの物体が持つ「何か」の大きさをmghで表すことができるという，「量」の表現も含めた，位置エネルギーの概念の理解と発見に到達します。

　授業はこの後，位置エネルギーの変化を追いかける観察を通して，「私たちがここで今使うことのできるエネルギーは，他の誰かから以前に受け取ったものであり，私たちが，自分のエネルギーを使うことは，他の誰かにエネルギーを与えることである」という，エネルギー保存則を理解していきます。そしてその位置に立って，自分たちが見つけたWという量が，実はエネルギーの移動量であったことを発見し，その移動量を捉えることがエネルギーを追いかけることを可能にしているという風景を見る高台にたどり着きます。

　生徒自らが目の前の自然に問いを持ち，不思議を感じ，何が起きているのかと観察し，量を捉え，見えないつながりに気付き，表現し，それらをつなげて自然の世界の成り立ちを明らかにしていく，そのどんな営みにも大切な意味があります。これらの経験の一つ一つは，その後に続く新たな離陸のためのプラットフォームとなるものです。また，自然の成り立ちを知っていくことは，その物語を発見することであり，その意味を考え教わることにつながります。自分を通した物語を持った体験の学びは，世界の見え方を変え，新しい未知との対話と問いを生み，次の学びが始まることに自分をつなげていく力となります。A. L.と学びの物語性という組み合わせは，面白い授業開発につながると考えます。

（伊藤　賢典）

| 物理 | 光の伝わり方 |

実験を通して問題演習に挑戦しよう

	体験する	発見する	活用・試行する	関連づける	表現する	かかわり合う	ふり返る
子供たちが見通しを持って粘り強く取り組み、自らの学習活動を振り返って次につなげる、主体的な学び	○						○
他者との協働や外界との相互作用を通じて、自らの考えを広げ深める、対話的な学び			○			○	
習得・活用・探究という学習プロセスの中での、問題発見・解決を念頭に置いた深い学び		○		○			

1 授業のねらい

レンズの公式に慣れ、レンズの焦点と倍率を求められるようにする。

2 授業づくりのポイント

　問題演習を行っている際に、問題の設定自体が理解しにくいことがあります。今回示した問題（焦点距離を求める「ベッセル法」）も、レンズの共役性の概念がないと難しく、最初から手が着かず、また解答・解説を見ても理解できないで戸惑う生徒もいます。この共役性の概念を定着させるには、実験でやってみるのが一番よい方法です。また、レンズの公式に出てくるa、bと焦点距離f、そして、倍率mは、計算はできても実感を持って扱うのは難しく、慣れが必要です。

　そこで、問題で示されている実験を実際に行って、問題の意味を理解し、再び問題に取り組むことによって、レンズの公式の理解を深め、公式を実感を持って扱えるようにします。

3 授業デザイン

時間	生徒の学習活動	教師の指導・支援
5分	1 前回学んだ「レンズの公式」$\frac{1}{a}+\frac{1}{b}=\frac{1}{f}$を確認する。（全体）	・レンズの公式にある a, b, f を確認する。
	2 実践問題文を読む。（全体）	・ここでは，問題を解かせるのではなく，本日の課題を確認する。
	課題1　プリント裏面の実践問題 　　　　レンズの焦点距離を求める「ベッセル法」に関する問題。	
2分	3 実験の内容をプリントで確認する。（全体）	・教師が実験プリントを読んで，全員で確認する。
	課題2　レンズの実験 　　　　課題の実践問題において，スクリーンと光源の距離 L を80cmとして，実験を行う。 問1　レンズをスクリーンまで動かす間に何回像が現れるか。 問2　倍率 m とレンズの焦点距離 f を求める。 問3　レンズの公式にある a, b は，1回目と2回目において，どのような関係があるか。また，どうしてそうなるのか「レンズの公式」からその理由を考えよ。	
20分	4 実験を行う。（2人ペア）	・生徒には実験のまとめまでやらせたい。
5分	5 実験結果の確認。（全体）	・生徒が示した実験データを基に，a と b が共役の関係になっていることを確認する。
8分	6 プリント裏面の確認問題（実験との類題）を行う。（4人グループ）	
	課題3　プリント裏面の類題に取り組む。	
10分	7 再度，実践問題を行う。（4人グループ）	
	課題4　課題1の実践問題に再度取り組む。	

4 授業展開例

前回の授業で，凸レンズ，凹レンズの像の結び方を作図しながら学習しました。また，レンズの公式についても，簡単な練習問題を行っています。本授業では，実践問題に挑戦することにより，レンズの公式の扱い方・焦点距離・倍率の理解を深めます。

実践問題 スクリーンと光源SをLだけ離して置き，凸レンズをSからOの向きに動かしたところ，点Aの位置でスクリーン上にSの像が得られた。さらにd移動した点Bで再び像が得られた。
次の問いに答えよ。

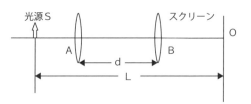

問1 凸レンズの焦点距離fをL，dを用いて表せ。
問2 点Aの時の像に対する点Bの時の像の大きさの比を求めよ。

以前から，この問題を演習で生徒に解かせてきましたが，正答率は大変低いものでした。レンズの公式のa，bが示されておらず，そもそもこの実験で何が起きているのか，その現象を理解できない生徒が多いのです。そこで，まず実験を行い，この問題の構造を理解させたうえで，問題に再度挑戦することにしました。

生徒たちは，前回，光学台を使って，レンズによって光源の像がスクリーン上に結ばれることは経験しています。そのため，光学台の扱い

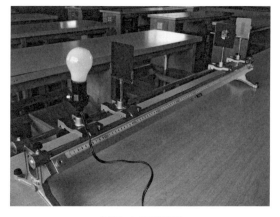

使用した実験装置

には慣れており，平行光線が入射した時の「レンズとスクリーンの距離」が焦点距離であることは理解しています。

ただし，定量的な測定は行っておらず，レンズの公式a，bの値の測定，そして，その値から焦点距離を求めたり，測定値から倍率を求めたりするのは今回が初めてです。

課題2 レンズの実験（プリント参照）
　　　　実践問題において，スクリーンと光源の距離Lを80cmとして，実験を行う。

生徒は，実験を始めてすぐに，レンズを動かしていくと像が「2回」現れることに気付きました。

1回目の像

2回目の像

生徒A　（生徒Bがレンズを動かしているのを見て）待って待って，中間がありそうだ。
生徒B　えっ，とりあえずここ。
生徒A　（aの）長さはいくつ？
生徒B　61cmだよ。（像は）こんなに小さいの！
生徒A　像の大きさはいくつ？
生徒B　うーん，5mmかな。

実験をする生徒

　生徒は，レンズの公式a，bの値が変わると倍率mが大きく変化することに驚きます。公式を扱っているだけでは実感できない現象を理解します。また，協同して実験を行っていく中で，他者の驚きを自分の驚きとして受け止めています。20分経過した頃，電気をつけ，実験の片づけを行い，実験のまとめを行いました。

生徒C　bってなんだっけ。
生徒D　プリントのここ。レンズとスクリーンの距離。
生徒C　2回目，いくつになった？
生徒D　19（cm）。f分の1が0.06だから，fは1÷0.06。
生徒C　あっ，そうか。

　途中，測定の誤りに気付いた班などが現れ，予定の時間をオーバーしたところもありましたが，38分頃には，概ね，各班でまとめまで終わりました。
　ひと班に実験結果を黒板に書いてもらい，全体でまとめを行いました。

教　師	ここの班のデータを書いてもらいました。aとbの値がどうなっているかわかりますか。
生徒A	ひっくり返っている。
教　師	この（レンズの）式で，aとbの値の値が入れ替わっても成り立ちます。この関係を共役といいます。では，裏の「類題」を4人グループでやってください。

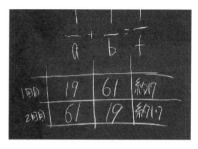

生徒の示した実験結果

　生徒は，像を結ぶ1回目と2回目で，aとbの値が入れ替わっていることを実験結果から発見し，レンズの公式においてもそのことが成立することを理解しました。しかし，それを自分の言葉で表すのは難しいようです。

類題　同じ実験（ただし，光源とスクリーンの距離は 1 m）を行った時，光源とレンズの距離（a）が20㎝の時はっきりとした像がはじめて現れた。

(1) 焦点距離 f はいくらか。
(2) その時の像の大きさはいくらか。
(3) その時の倍率はいくらか。
(4) 第2回目にはっきりとした像ができるのは，aが何㎝の時か。
(5) その時の倍率はいくらか。

　生徒たちは，レンズの共役性を理解すると，類題は難なく解くことができ，解いたものを班員同士で確認しました。しかし，時間が足りなくなり，実践問題に挑戦できない班もありました。

課題に取り組む生徒

5　評価について

　プリントを次回の授業で提出させ，生徒の理解度を確認しました。生徒たちは，「レンズの公式」の使い方，焦点距離や倍率の求め方，レンズの共役性については理解が深まり，「類題」については，ほとんど生徒が正解にたどり着きました。しかし，課題1の実践問題については，計算途中で式の変形を間違えたりして，最後まで求められた生徒は数少ない状況でした。

（長野　修）

6 資料やワークシート

レンズの実験

（　）年（　）組（　）番　氏名（　　　　　　　　）

1 用意するもの　光学台セット
2 実験方法

光源AA'とスクリーンLの間隔を80cmで固定する。（レンズLは自由に移動できる）
(2) レンズLを光源の近くに置き、少しずつスクリーンSに向かって（右側に）移動させる。

<問> スクリーンに達するまでの間に、はっきりピントした像は何回現れるか。（　　）回

(3) 光源にあたる矢印の長さ（AA'）を測れ。（　　）cm
(4) 1回目、2回目のそれぞれのa、b、スクリーン上の像の大きさを測定せよ。
ここで、a、bとはレンズの公式のa、bを指す。（実測倍率）
(5) 光源の矢印の大きさと像の大きさから倍率を計算せよ。（実測倍率）
(6) a、bから倍率を計算せよ。（理論倍率）

3 実験の整理　光源f＝（　　　　）

	a (cm)	b (cm)	像の大きさ (cm)	実測倍率 像の大きさ/光源の大きさ (AA')	理論倍率 b／a
第1回目					
第2回目					

以上のデータから焦点距離fを求めよ。
第1回目のデータから　f＝（　　　　）
第2回目のデータから　f＝（　　　　）

問　1回目と2回目のa、bにはどのような関係があるか。また、どうしてそうなるのかレンズの公式からその理由を考えよ。

類題　同じ実験（ただし、光源とスクリーンの距離（L m）を行った時、光源（大きさ2cm）とレンズの距離が20cmの時はっきりとした像がはじめて現れた。
(1) 焦点距離fはいくらか。

(2) その時の像の大きさはいくらか。

(3) その時の倍率はいくらか。

(4) 第2回目にはっきりとした像ができるのは、(a)が何cmの時か。

(5) その時の倍率はいくらか。

実践問題　スクリーンと光源SをLだけ離して置き、凸レンズをSからOの向きに動かしたところ、点Aの位置でスクリーン上にSの像が得られた。さらにd移動した点Bで再び像が得られた。次の問いに答えよ。

問1　凸レンズの焦点距離をf、Lを、dを用いて表せ。

問2　点Aの時の像に対する点Bの時の像の大きさの比を求めよ。

化学基礎　電子配置と周期表

化学結合から物質の性質を予想しよう

	体験する	発見する	活用・試行する	関連づける	表現する	かかわり合う	ふり返る
子供たちが見通しを持って粘り強く取り組み，自らの学習活動を振り返って次につなげる，主体的な学び						●	
他者との協働や外界との相互作用を通じて，自らの考えを広げ深める，対話的な学び					●		
習得・活用・探究という学習プロセスの中での，問題発見・解決を念頭に置いた深い学び			●				

1 授業のねらい

電子式を使って，原子同士がどのようにしてイオンや分子を形成しているかを理解する。

2 授業づくりのポイント

　この単元の前に出てくるイオン結合を学ぶことで，イオンからなる物質は陽イオンと陰イオンの組み合わせでできていることがわかります。陽イオンと陰イオンは，覚えてしまえば，あとはカードゲームのように＋と－を組み合わせていくことで化学式ができることを理解できます。しかし共有結合に進むとその考え方が通用しません。そこで起こる問題を解消してくれるのが電子式と電気陰性度です。この考え方を使えば，イオン結合と共有結合の両方が理解できます。共有結合の単元のはじめにオクテット則を紹介し，中学以来，抱いていた疑問に答える形で授業を進めます。

3 授業デザイン

時間	生徒の学習活動	教師の指導・支援
5分	1 探究課題Aを読む。 　（4人グループ）	・前時で回収したふり返りシートを返却する。 ・探究課題を提示して本時の課題を確認する。
	探究課題A 化学結合に関する問題（ワークシート参照）	
5分	2 教科書などを使って課題を解く。 　（4人グループ）	・教科書を参考にして穴埋めをさせる。
	課題1 教科書の記述の穴埋め。	
10分	3 オクテット則の説明を聞き，理解しながらプリントに写す。	・オクテット則を黒板に板書しながら説明する。
	講義 オクテット則の説明。（ワークシート参照）	
15分	4 課題を解く。 　（4人グループ）	・グループをまわりながら様子を確認する。
	課題2 課題と探究課題を解く。	
10分	5 課題と探究課題の解答を確認する。（全体）	・無作為に指名し，自分の書いた解答を発表させる。 ・課題を回収する。
5分	6 ふり返りシートを書く。 　（個人）	・ふり返りシートは回収して検印し，次回の授業のはじめに返す。

4 授業展開例

イオン結合の学習が終わり,共有結合の単元に入る最初の授業です。ここから教科書では,似たような専門用語が複数出てくる(共有電子対・不対電子・電子式・構造式など)ため,生徒は混乱し,わからなくなっていきます。そこで協同作業を行わせながら,できるだけこれらの用語を発言の中で使わせて自分たちで整理させます。今回の課題は,ある生徒の素朴な疑問がヒントになったものです。

探究課題A 中学3年で酸・アルカリの分野を学習した時,代表的なアルカリとしてでてきた水酸化ナトリウムは,水中では①のように電離して,②のようにはならないと学んだ。それはなぜか,科学的な根拠を示しながら説明しなさい。

① $NaOH \rightarrow Na^+ + OH^-$

② $NaOH \rightarrow NaO^- + H^+$

中学3年の理科で出てくる水酸化ナトリウムの電離のしかたは,アルカリ共通の性質として水溶液中にOH^-イオンが出てくるという事実から覚えざるをえませんでした。しかし,ある生徒は疑問を持ちました。確かに,酢酸は$CH_3COOH \rightarrow CH_3COO^- + H^+$なのです。このような素朴で教師がハッとするような問いは,成績のよい子よりもアレコレ考えて立ち止まってしまう生徒の方が持っているものです。ふり返りシートなどで疑問を吸い上げておくと,このような疑問の中から本質的な課題ができることがあります。

ここでは共有結合を説明する前に,電子式の書き方と電子対・不対電子という用語を紹介し,オクテット則と電気陰性度を説明します。課題を解きながらオクテット則や電子式の書き方に慣れていき,最終的な探究課題の説明に望みました。

課題1 教科書の記述の穴埋め。

生徒は教科書の記述を読みながら穴埋めをしていきます。生徒に記述式の解答を書かせると,うまく日本語になっていないものが見られます。その原因の一つに文章表現に触れていないことがあると思います。教科書では,教科書独特な硬い言いまわしをよく見かけますが,このような文に積極的に触れ,うまく自分の解答作成に活かしてほしいと思います。そういう教師側の意図を生徒にしっかり伝え,納得させたうえで教科書の穴埋めをさせています。

オクテット則は教科書にはありません。説明文をプリントにして読ませたり,黒板やプロジェクターを使って説明します。授業のはじめから4人グループにして,この説明もそのまま受けさせてもよいでしょうし,ここまでは一斉授業の座席にしておいてもよいでしょう。クラス

の雰囲気に合わせて変えていきます。

> 講義　オクテット則の説明。（ワークシート参照）

　化学結合という単元は，教科書どおりに進めてしまうと覚える単元になってしまい，生徒がやる気を出す（アクティブな気持ちにさせる）ことは難しいところです。しかし，科学的根拠としてオクテット則や電気陰性度を使うことで，なぜ？　に答えることができ，納得感が生まれます。未知物質の予想も立てられ，その予想どおり物質がふるまってくれれば，達成感もでてきます。ここではオクテット則とそれを使った電子式の書き方を演習し，電気陰性度でその結合の離合集散を考えられるようにします。

　さらにここでは「安定」という言葉についてもしっかりおさえておきます。化学では，頻繁に「安定」という言葉が出てきますが，教科書には説明がありません。教師も何気なく使ってしまい，生徒の多くは何気なく慣れて使い始めますが，ピンとこない生徒も，実は多いものです。このような概念に関する言葉や誤解しそうな化学用語に関しては，協同作業とは別にきちんと解説します。

教　師　オクテット則という理論を説明するね。この理論は今，教科書でみんなに調べてもらった「希ガスの電子配置」に書いてある事実を一般化したものだ（生徒が課題１をやっている間に黒板に板書したり，パワーポイントを利用して）。最外殻電子の数が８になる（K殻は２）電子配置は安定である。希ガス原子は安定である。希ガス以外の原子は，その原子が安定な電子配置になるように電子のやりとりが起こる。

生徒A　「安定」ってどういうこと？

教　師　教科書には特別に説明はないね。でも化学ではよく使う言葉だ。化学で使う「安定」とは「変化しない，反応しない」という意味なんだ。簡単に言えば「幸せ」ってこと。「幸せ」になってしまえば変化を求めない，安定ってわけだ。

生徒B　「幸せ」？「幸せ」になりてぇー！

生徒C　だから希ガス以外の原子は「幸せ」になるために電子のやりとりをするのね。

教　師　穴埋めの課題１でも色々な用語が出てきたけど，できるだけそういう用語を使いながら，みんなで続く課題，探究課題を考えてみて。

　生徒たちは「電子対，不対電子」や「安定」といった用語を会話に使いながら問題を解いていきます。ある生徒が，マグネシウムの持つ不対電子を電子式でどう書くかとまどっています。上下左右のどこに点を打てばよいのか。隣の生徒のプリントをのぞき込みますが，その生徒は先に教科書に書いてあるのを見つけ，それをただ写しただけで疑問に思いません。

生徒A　ねぇ，この不対電子はどこに書いてもいいの？
生徒B　どういうこと？　疑問にも思わなかったわ。
生徒A　上下に書くか，左右なのか，バラバラなのかっていうこと。対にして書いちゃダメなのかな？
生徒C　対にして書くとヘリウムと同じになってしまうよ。やはり希ガスは安定だから，書き方は別なんだよ。ほら教科書の図の注に書いてある。
生徒A　そうか，不対電子はできるだけ離すんだね。

　一人では疑問に思わないことでも，協同学習の中で問いが生まれ，それを解こうとして様々な考えが飛び交います。このような会話をうまく拾えば，さらに時間内で解説をしてもよいでしょうし，ふり返りシートから拾うこともあります。

| 課題2　課題と探究課題を解く。（ワークシート参照） |

生徒A　まず電子式を書いてみよう。－や＋のイオンになるのは，どういう意味なのかな？
生徒B　電気陰性度が関係あるんでしょ。電気陰性度は原子が共有電子対を引きよせる程度と書いてあるから，NaとOの間では，電子対はOに引っ張られるね。
生徒C　OとHの間はOに引っ張られるね，引っ張られてHの電子がとられるとH^+になる。
生徒D　そうするとNaとHを比べると，Naのほうが電気陰性度の差が大きいね。だからNaの間で切れるんじゃない？
生徒C　Naの持っていた電子がOに取られるからNaは＋になるんだね。逆にOが電子をもらうからOH^-になるのか！

　探究課題Aを考えた生徒たちはBについても考えてみます。するとH^+になるという結論を導き出すグループが出てきます。最後に無作為に選んだ生徒の解答を言ってもらい，不足の部分をコメントとして付け足します。

教　師　それではA君，自分の解答を教えてください。
生徒A　NaとHだとNaのほうの電気陰性度が小さく電子対がOに引っ張られるから，Na^+とOH^-にわかれる。

　採点は他人にわかる文を書くという目的で，グループ内で他己採点します。その後，座席を戻して，ふり返りシートを書いて提出します。
　　　　　　　　　　　　　　　　　　　　　　　　　　　　　　　　　　　　（小松　寛）

5 資料やワークシート

課 題

（　）年（　）組（　）番　氏名（　　　　　　）

☆**オクテット理論**　（1913年　ルイスとラングミュアー）

- 最外殻電子の数が＿＿＿＿＿＿＿＿＿＿＿＿＿＿＿＿＿＿＿＿＿＿
- 希ガス原子は　＿＿＿＿＿＿＿＿＿＿＿＿＿＿＿＿＿＿＿＿＿＿＿

＊希ガス以外の原子は・・・＿＿＿＿＿＿＿＿＿＿＿＿＿＿＿＿＿＿
＿＿＿＿＿＿＿＿＿＿＿＿＿＿＿＿＿＿＿＿＿＿＿＿＿＿＿＿＿＿＿

☆**化学的に「安定」とは**
- 化学で使う「安定」・・・＿＿＿＿＿＿＿＿＿＿＿＿＿＿＿＿＿＿

☆＿＿＿＿＿＿＿＿・・・元素記号のまわりに最外殻電子を点で表したもの

課題　次の原子を電子式で書け。またどのようなイオンになるか。

① マグネシウム　　　Mg　　　イオン→

② 塩素　　　　　　　Cl　　　イオン→

③ 酸素　　　　　　　O　　　イオン→

探究課題A　中学3年で酸・アルカリの分野を学習したとき、代表的なアルカリとしてでてきた水酸化ナトリウムは、水中では①のように電離して、②のようにはならないと学んだ。それはなぜか、科学的な根拠を示しながら説明しなさい。

① $NaOH \rightarrow Na^+ + OH^-$
② $NaOH \rightarrow NaO^- + H^+$

探究課題B　次の化合物が電離するとH$^+$が出るか，OH$^-$がでるか、科学的な根拠を示しながら説明しなさい。

```
                O
    H   O   S   O   H
                O
```

| 化学基礎 | | | 化学反応式 |

化学変化の量的関係を体験しよう

	体験する	発見する	活用・試行する	関連づける	表現する	かかわり合う	ふり返る
子供たちが見通しを持って粘り強く取り組み，自らの学習活動を振り返って次につなげる，主体的な学び			●				
他者との協働や外界との相互作用を通じて，自らの考えを広げ深める，対話的な学び							●
習得・活用・探究という学習プロセスの中での，問題発見・解決を念頭に置いた深い学び		●					

1 授業のねらい

物質量の使い方や化学反応式の量的関係を，実際の化学変化を使って体験する。

2 授業づくりのポイント

　原子や分子・イオンは中学で学びますが，それらの粒子を量的に考えることはしていません。その量的な問題を扱わなければならないこの分野は，高校化学の好き嫌い，得手不得手を大きく左右する単元で，教師としては物質量（mol）と化学反応式の量的関係を理解させるのは最大の難関です。しかし一般的な授業では，分子量や物質量を求め，化学反応式と関連づけた計算ドリル（単純な四則演算）に終始しがちです。しかしそのような授業では，生徒にとって，これらの量にどんな意味があるのかわかりません。そこで実際の化学変化で体験させ，しかもグループごとの競争形式にすることで，生徒のモチベーションを上げ，学習効果を高めます。

3 授業デザイン

時間	生徒の学習活動	教師の指導・支援
10分	1 実験器具を準備する。 （4人グループ）	・実験器具の準備を指示する。
15分	2 実験プリントを読む。（全体）	・実験操作の説明，注意。
	課題1 金属と塩酸を使って300mLの水素を発生させる。	
15分	3 課題1が終わったら，水素300 mLができているか，教師を呼んで判定してもらい，課題2へ進む。（4人グループ）	・水素が300mL捕集できたか判定する。
	課題2 発生した水素から，使った金属の質量を求める。	
5分	4 実験が終わったところから片付けをはじめる。 （4人グループ）	・片付けの指示
	レポートを作成する。	
5分	5 レポートを作成する。（個人）	・レポートの作成が間に合わなかった場合は宿題にする。

4 授業展開例

　前回の授業までに，化学反応式の量的関係に関する簡単なドリル演習が終わっています。すべての生徒が前時までのドリルで習得できているわけではありませんが，この授業では，実際の化学変化にあてはめ，実際に使ってみます。4人グループで前時までの知識を利用して学び合いながら理論値を求めていきます。納得できていない生徒の疑問を一生懸命に聴き，導き出した答えを説明している姿が見られます。

　まず課題1では，起こる現象の化学反応式を作るところから始まり，その化学反応式の量的な関係から，反応物の質量を理論値として求めます。続けて実際にその理論値で実験をおこない，予想が本当に正しいのかを確認します。この課題をクリアしたグループは，次に実際に集まった気体の体積と化学反応式から，逆に生成物の質量を推定します。

> **課題1**　金属マグネシウムと塩酸を使って，300mLの水素を発生させなさい。

　はじめに生徒たちは何をしてよいのかわからず，ポカンとしています。そのうち前回までのプリントや教科書を出してきて，教師が何も言わなくても議論が巻き起こります。課題1のクリア目標時間の残量を，プロジェクターで大きく表示しておくと効果的です。マグネシウムリボンを理論値からはかり取り，二叉試験管に入れます。勢いよく出てくる水素に全員の目が集中します。そして集気ビンに300mLの水素が集まった時の嬉しそうな顔。とても前回までのドリル演習で見せていた，しかめっ面とは別人の表情です。要領を得た生徒たちは次のミッションに取りかかります。

> **課題2**　発生した水素の体積から，はじめに入れた金属アルミニウムの質量を求めよ。

　今度は，与えられた質量未知のアルミニウム箔を使い，水素を発生させます。メスシリンダーの目盛りを読んで，捕集された水素の量を読みとり，その体積を手がかりにアルミニウム箔の質量を推定します。メスシリンダーに水を一杯に貯めて逆さまにします。うまくできないグループがあるので，紙などをフタがわりに使って，すばやく逆にすれば空気が入らないことを教えてあげます。課題1で自信をつけた生徒たちは，どうだ！　と言わんばかりに実験結果を報告してきます。最後にレポートとして結果をまとめさせ，考察を書かせて提出させます。

【参考文献】
盛口襄・野曽原友行（1989）『たのしくわかる化学100時間〈上〉』あゆみ出版
岩田久道・後藤顕一他（2011）『魅せる化学の実験授業』東洋館出版

> **課題1** 金属マグネシウムと塩酸を使って、300mLの水素を発生させなさい。

　まず金属マグネシウムと塩酸の化学反応式を作らなくてはなりません。教科書を参考にしながら、反応式は完成です。いよいよ300mLの水素を作るための計算です。

生徒A　どうしたらいいのか、さっぱりわからない。
生徒B　molに直せばいいんじゃないかな。
生徒A　1molは24Lだって書いてあるよ。300mLということは300／24000＝0.0125molだね。
生徒B　次はどうするの？　化学反応式を使うのかな。前回の授業でやったところ？
生徒A　係数が1だから、Mgも0.0125molだね。
生徒B　Mgの原子量は24だから0.30g取ればいいんじゃない、よし取りに行こう！

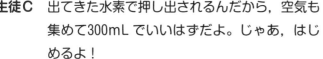

　生徒たちは続々とマグネシウムリボンをはかり取りに来ます。残ったメンバーで水上置換の準備をはじめます。残り時間がスライドで映されているため、協力しながら準備していきます。塩酸は過剰量あるようにしています。二叉試験管に入れることが難しい場合には、マグネシウムを入れさせた後で、教師が塩酸を入れてあげた方がよいかもしれません。

生徒C　マグネシウムを二叉試験管に入れたら、先生に塩酸を入れてもらえばいいんだね。
生徒D　水上置換の準備は万端だよ。
生徒A　ゴム栓をしっかりしめないと漏れたら大変だ。
生徒B　気体は、はじめから取ってもいいの？　はじめに空気が出てくるんじゃない？
生徒C　出てきた水素で押し出されるんだから、空気も集めて300mLでいいはずだよ。じゃあ、はじめるよ！
生徒D　すごい勢いだぞ！　大丈夫か？
生徒A　ヤバくない？　おー、過ぎるか、止まれ止まれ！

水上置換で気体を集める

　グループ全員で集気瓶にまいてある300mLを示すテープを夢中で見ています。そして気体の発生が止まるとあちこちで拍手がわき起こります。反応が完全に止まったところで教師を呼

んで判定です。

手際の善し悪しで誤差が出てしまうため、テープの太さを太くしておきます。

教　師　オンラインだから合格です。次のミッションに進みましょう。
生徒A　なんだか面白いぞ！

> **課題2**　発生した水素の体積から、はじめに入れた金属アルミニウムの質量を求めよ。

今度はこちらから質量がわからないアルミニウム箔を渡します。生徒たちは先ほどの要領で、アルミニウムと塩酸の化学反応式をつくったあと、水上置換で水素を捕集します。メスシリンダーで発生した水素の体積を計測し、そこからはじめに渡されたアルミニウム箔の質量を推定します。

生徒A　今度の化学反応式は係数が複雑で難しそう。
生徒B　とにかく水素を集めちゃおう。
生徒A　この目盛りは130mLだね。ということは何molかな？　1molは24L（ワークシート参照）だよね。130mLということは130／24000＝約0.00542molだね。次はどうするの？

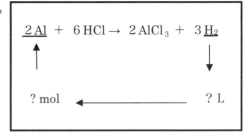

生徒B　係数はAl：H_2＝2：3で、その3にあたるH_2が0.00542molだからAlは2にあたる量だね。前回の授業でやったね。
生徒A　そうすると0.00542molの$\frac{2}{3}$ということだから0.00542mol×$\frac{2}{3}$＝約0.00361molだね。
生徒B　オー、わからなくなってきたぞ！
生徒C　アルミニウムの質量が知りたいから、これにAlの原子量27をかければ良いんだよ。
生徒D　それじゃあ、0.00361×27＝約0.098gだよ。
生徒B　あー、完全に無理！

生徒たちの議論は続きます。ドリル演習では実感を持てなかった体積や質量を目の前にしているため、学び合いながら今やっている計算がリアルに感じられます。化学は物質から離れてはいけないと思います。

（小松　寛）

5 資料やワークシート

化学量論

（　）年（　）組（　）番　氏名（　　　　　　　　）

実験 化学反応の量的関係

目的 金属と塩酸の反応をとおして化学反応式の係数の意味、量的関係を体験する。

他の班と相談してはいけない!!

課題1　金属と塩酸を使って300 mL の水素を発生させる。

準備
※器具　二又試験管・気体誘導管・ガラス板・試験管たて・水槽・集気ビン・試験管はさみ・ビーカー
※試薬　金属（マグネシウム Mg の原子量 24）・塩酸（3 mol/L）

方法
① マグネシウム Mg と塩酸から水素が発生する化学反応式を作り、300 mL の水素を つくるために必要なマグネシウムの質量を 有効数字2桁 で求める。
② 必要なマグネシウムをはかりとり、固く丸めて二又試験管のくぼみのある方へ入れる。
③ 塩酸を入れてもらう（教卓で配布）。塩酸は反応に十分な量が入っている。
④ 気体誘導管を試験管にとりつける（ゴム栓やガラス管がゆるいときは申し出る）。
⑤ 水上置換の準備をする。はじめの集気びんは水を一杯にしておくこと。
⑥ 二又試験管を傾けて、塩酸を金属の方へ混ぜる。
⑦ 塩酸は一気に全部移すのではなく、はじめは半分程度で様子を見ること。（反応が激しくても試験管や集気ビンから手を離したりしない。適宜、ビーカーに水を入れて試験管を冷やし、反応の速度を制御する。）
⑧ 反応が停止し、試験管に気体がでてこなくなったところで終了とする。（水素が集気ビンに出てこなくなったところで終了する。）

実験装置図　略

→「課題1」をクリアしたグループのみ、進むことができる。

課題2　発生した水素から、使った金属の質量を求める。

準備
※器具　試験管・気体誘導管・メスシリンダー・試験管たて・水槽
※試薬　金属（アルミニウム Al の原子量 27）・塩酸（6 mol/L）

方法
① メスシリンダーに水を満たし、水槽に逆さにして水上置換の準備をする。
② 塩酸の入った試験管に、配られたアルミニウム箔を筒状に巻いて試験管の中にいれる。
③ すぐに気体誘導管をつけて、気体を捕集する（反応がはじまるまで1分程度かかる）。
④ 気体誘導管を試験管にとりつける（ゴム栓やガラス管がゆるいときは申し出る）。
⑤ 捕集した気体の体積から反応したアルミニウムの質量を有効数字2桁で推定する。

実験装置図　略

データ

※ 金属の原子量： Mg = 24 , Al = 27

※ 気体1molの体積：22.4 L（0 ℃、1.013×10^5 Pa）であるが、20 ℃、1.013×10^5 Pa では、気体は膨張していて約 24 L になるので 1 mol = 24 L とする。

※ 塩酸は過剰に入っていると考えてよい。

※ 気体の体積をはかる場合、本来は水槽の水面と集気ビンやメスシリンダー内の水面をあわせなければならないが、今回は誤差として処理する。

| 化学 | | | | | 化学反応と熱・光 | | |

実験を通して，熱化学方程式のルールを発見しよう

	体験する	発見する	活用・試行する	関連づける	表現する	かかわり合う	ふり返る
子供たちが見通しを持って粘り強く取り組み，自らの学習活動を振り返って次につなげる，主体的な学び	●						
他者との協働や外界との相互作用を通じて，自らの考えを広げ深める，対話的な学び							●
習得・活用・探究という学習プロセスの中での，問題発見・解決を念頭に置いた深い学び	●						

1 授業のねらい

実験を通じて，熱化学方程式と化学反応式の違いを発見し定着させる。

2 授業づくりのポイント

学習指導要領に化学は物質を対象とする科学であり，その特徴は観察，実験を通して，物質に関する原理・法則を見いだすとともに，化学の基本的な概念や原理・法則の理解を深めさせることであるとあります。しかし現場では，短期間で教科書の膨大な内容を習得させることも求められ，授業では講義中心で実験をすることが難しい現状があります。

そこで，本授業では教室でできる簡易な実験を通じて，熱力学の導入である熱化学方程式の書き方に必要なルールを見いだし，深めます。さらにエネルギーを学ぶことが大学の研究でどのようにつながっていくのかについて展開します。

3 授業デザイン

時間	生徒の学習活動	教師の指導・支援
3分	1 机をグループ型に移動し，じゃんけんで，「司会，発表，書記，運搬（片付け）」係を1分間で決める。	・5分前に教室に行き，黒板をきれいに消し，化学係にプロジェクターの準備を手伝ってもらう。 ・必ず1人1役を決める。
	2 係が決まったら，今日の課題を聞く姿勢をとる。	・グループになると雑談するが，話を聞く時は全員相手の顔を見て静かにすることを徹底する。
	課題1　グループ活動1 　実験ボックスに入っている物質を答えよ。（5分間）	
5分	3 班の係が指示に従って，動く。班員一人一人が，実験ボックスを持ち，視覚以外で中身を予想する。書記係はホワイトボードに自分の班番号，班の予想を書く。	・司会が実験ボックスを，運搬がマグネット式A4ホワイトボード，マーカー，消しゴム（メラミンスポンジ）を取りに行く指示をする。 ・机間巡視しながら，活動の様子をうかがう。 ・時間が経過したら，発表係が起立して，ホワイトボードを全員が見えるように頭の上に掲げるよう指示する。
8分	4 発表係が自分の班の答えを全員に見せながらクラスで共有する。	・全班が解答した後，司会がボックスを開ける。
	課題2　グループ活動2 　使い捨てカイロの材料を元素記号で5種類以上答えよ。（5分間）	
5分	5 班員で議論して，5種類の元素を探す。教科書，資料集なら見てよいが，スマートフォンは禁止。	・きちんと5種類以上書くことを確認させる。 ・書き終えた書記係から，ホワイトボードを黒板に貼りつける指示をする。
8分	6 全班の予想を共有し，解答を確認した後，化学反応式まで深める。	・使い捨てカイロの成分表で元素記号，化学反応式を確認させる。
	課題3　グループ活動3 　熱化学方程式の中に，化学反応式にはない表記を4つ探せ。（5分間）	
8分	7 班の発表係が班の考えとその理由を答える。また教師が問いを行い，熱化学方程式のルールを深める。	・熱化学方程式のルールを暗記するのではなく，生徒が自ら発見し，理解することで知識をより定着させる。
8分	8 エネルギーの大学研究を学び，ふり返りを行う。	・エネルギーを扱う大学の研究室を紹介し，高大接続の意識を高めさせた後，ふり返りを行う。

※本実践校は45分で授業を行っている。

4 授業展開例

各単元最初の授業での定番として,「実験ボックスには何が入っているか」を行っています。中身を当てるだけですが,工夫次第でグループ活動が活性化します。

> **課題1** 実験ボックスに入っている物質を答えよ。(5分間)

　ガムの空き箱に物質を入れただけですが,日頃,視覚中心の生活である生徒が,視覚以外から想像し,対話をします。その答えをホワイトボードに記入して,発表係が全員に共有します。正解がわからないので,想定外の解答が出た時は教室全体の雰囲気が笑いに包まれます。全班が発表した後,司会係が中身を開けて班員全員で答えを確認します。

課題1に取り組む生徒の様子

発表係が課題1を解答する様子

> **課題2** 使い捨てカイロの材料を元素記号で5種類以上答えよ。(5分間)

　ボックスの中身が使い捨てカイロであることを知り,それが黒色の砂状物質なので,炭素(C)と鉄(Fe)の2種類の元素であるとすぐに出てきます。ただ,次の三つ目の元素が何かについて,思考する班が出てきます。

生徒A　他に何かある？
生徒B　カイロって,封を開けたら,酸素(O)と反応するよ。
生徒C　そうか,じゃあ酸素も入れておこうか。
生徒B　よし,後2つだ！

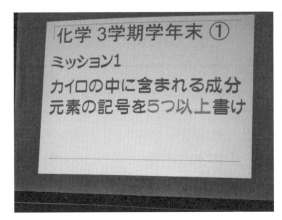

課題2を伝えるスライド　　　　　　　　元素記号を考える生徒の様子

　さらに，4つ目の元素記号で生徒が壁にぶつかります。教科書，資料集を見て探す生徒も出てくるのですが，答えの記載がなく知恵を絞るしかありません。そんな中，ある班が以下の気付きをしていました。

生徒E　空気中の湿気にも反応するかもしれない。
生徒F　そうだな。だったら，Hも書いておくよ。
生徒E　よし，後1個。あとは何があるかな……。
生徒G　ひょっとしたら，塩（NaCl）も入っているんじゃないかな。
生徒E　何で？
生徒G　だって海水の近くの鉄って，早く錆びるんじゃなかったかな。
生徒F　それ，聞いたことあるぞ。よし，NaとClも書くよ。

　5分後，各班の書記がホワイトボードを黒板に掲示します。まず各班で共通して出てきた元素を確認します。今回は「Fe，C」でした。次に，それ以外の元素記号に関しては，教師がコメントを入れながら確認します。それぞれの班が思考した過程を共有することで，クラスの生徒の中に新たな気付きが生まれます。

　共有が終わった後，HPにある使い捨てカイロの成分表をスライドで共有し答え合

元素記号の結果の共有

わせを行います。その次にカイロの反応を表記した熱化学方程式をスライドで示し，次の課題に取り組みます。

課題3　熱化学方程式の中に，化学反応式にはない表記を4つ探せ。（5分間）

スライドを印刷したプリントを見て，化学反応式との違いを記入します。この段階で生徒は黙々と探しています。探すことだけでは簡単な課題ですが，なぜそのような表記が必要なのかをグループで思考させます。発表係は教師の質問に対し，きちんと答える状態になっておくというミッションも伝えることで，より真剣に取り組みます。

教　師　では結果を聞いていきましょう。3班の発表係さん。どんな表記がありましたか？
生徒H　化学式の後に，状態の表記があります。
教　師　化学反応式では必要がなかったのですが，なぜ，気体，液体，固体の表記が必要だと思いますか？
生徒H　必要だからです。
教　師　わかりました。ヒントを出します。固体の氷に熱を加えたらどうなりますか？
生徒H　水になります。
教　師　水は何体ですか？
生徒H　液体です。
教　師　固体の氷を温めたら，液体の水になりました。では氷の持つエネルギーと水とでは同じですか。違いますか？
生徒H　違うと思います。
教　師　そうです。違います。化学反応式では，反応の前と反応の後の物質の変化を表す式でしたが，熱化学方程式は反応の前である反応物と反応の後である生成物の持つエネルギーの差も表記します。そのため，固体と液体とで持つエネルギーが異なるのでそれぞれの物質の後にH_2O（液），H_2O（固）という状態を表記する必要があるのです。

　このようにして，他の違いについても発表係との対話を通じて，全員で共有します。熱化学方程式の書き方のルールを定着する時に，生徒の発見と問いによる深めた学びを行うことでそのルールを自分で作ったような気持ちになり，知識に定着につながると考えます。
　熱化学方程式のルールを確認した後，この授業から始まる熱化学の分野が大学の研究にどのように結びつくかを紹介します。現在，クリーンエネルギーの開発が喫緊の問題となっており，風力発電，太陽光発電，地熱発電の開発，効率化の研究が行われております。中には超伝導の技術を駆使して，風力発電のさらなる効率化の研究を行っています。この分野を学ぶ上で，エ

> # ミッション2
> ## 化学反応式にない表記を4つ探せ。
>
> $$Fe(固) + \frac{3}{4}O_2(気) + \frac{3}{2}H_2O(液) = Fe(OH)_3(固) + 403kJ$$

課題3で用いた配布シート

ネルギー問題を何とかしたいという使命感を抱いたなら，ぜひ大学のエネルギー分野の研究を調べてみるとよいでしょうとスライドを用いて伝えます。

今学んでいることが大学でどのようにつながっているのかを授業で紹介することで，内発的動機付けにつながるのではないかと考えております。

授業時間が45分のため，授業で実験を行うと1回の授業での学習量が少なくなるのも事実です。一方で，最初の導入でこのスタイルを行うことでこれ以降の授業での学習意欲が大きく異なるという実感を得ながら，今年度から取り入れています。

5 評価について

授業終了後，今日のふり返りを行いました。

【生徒のコメント】

・カイロの中に Na や Cl も含まれているということは知らなかったけど，班の人が知っていたおかげで答えることができたので，グループワークをすることで自分の知らなかったことや気付かなかったことに気付けるとわかった。
・身近なところにあることを学べたのがよかった。大学でエネルギーを勉強するのもいいなぁと思った。エネルギー効率40％以上のエネルギーを利用できるような発明をすれば，人の役に立てるなと思った。
・多分，熱化学方程式のことだけの説明だけだったら，何かわからなくなりそうだったけど，カイロの中身を当てるワークがあってよかったと思いました。
・普通に授業をして教えるよりも時間はかかるけど，導入があるのでその分理解はしやすいと思いました。

（中村　陽明）

化学　　　　　　　　　　　　　　　　　　無機物質

金属イオンの系統分離を身近に感じてみよう

	体験する	発見する	活用・試行する	関連づける	表現する	かかわり合う	ふり返る
子供たちが見通しを持って粘り強く取り組み，自らの学習活動を振り返って次につなげる，主体的な学び			●				
他者との協働や外界との相互作用を通じて，自らの考えを広げ深める，対話的な学び							●
習得・活用・探究という学習プロセスの中での，問題発見・解決を念頭に置いた深い学び		●					

1 授業のねらい

　金属イオンが特定の陰イオンと反応して沈殿が生じることを確認し，この現象を地球の歴史と結びつけて，身近なこととしてとらえられるようにする。

2 授業づくりのポイント

　金属イオンと様々な陰イオンとの反応は，沈殿ができるか否か，色はどうかなど記憶しなければならないことが多く，生徒は嫌がる分野です。演示実験で実際の化学変化を見させてあげられればよいですし，時間が許せば実際に系統分析法にしたがって実験してほしいものです。実験は，化学で深い学びができる最大のチャンスです。それらを一通り学んだところで，今回の探究を考えさせてはどうでしょうか。地球の長い歴史の中で起こってきたダイナミックな自然の変化も，目の前に切り取られた試験管の中の出来事と結びつけられることで，生徒の無機化学に対する意識は変化すると思います。

3 授業デザイン

時間	生徒の学習活動	教師の指導・支援
5分	1 探究課題を見ながら操作の確認をする。（全体）	・ふり返りシートを返却する。 ・課題の中の操作を確認，解説する。
	探究課題 金属イオンの分離に関する問題	
15分	2 課題を教科書や資料集をみながら解く。 （4人グループ）	・グループをまわりながらサポートする。
	課題1 それぞれの場面で何が起こったか考え，簡単に説明しなさい。また残っているイオンを図に書き出しなさい。	
	課題2 アルミニウムの原料となる鉱石はボーキサイトだが，融解塩電解するアルミナのように白色ではないのはなぜか。また，ボーキサイトをアルミナにするために，どのような処理をしているか。科学的な根拠とともに答えなさい。	
		・様子を見ながら，課題2のためにアルミニウムの製造工程の資料や動画を見せる。
10分	3 指名された生徒が自分の解答を発表する。	・生徒の解答に適宜コメントしながら正解を共有する。
	課題3 このモデルは，ある質問に対する答えになっている。その質問とは何か。	
5分	4 課題3を考える。 （4人グループ）	・グループをまわりサポートする。
10分	5 課題3の答えを発表，メモする。 （個人）	・課題3の正解を提示して解説する。
5分	6 ふり返りシートを書く。 （個人）	

4 授業展開例

前回の授業までで，様々な金属イオンの沈殿反応を整理しました。そしてまとめとして簡単な問題演習をしました。問題演習は教科書などを見ながら協同学習で取り組みます。生徒にとって，はじめは宝探しのように解いていますが，だんだん飽きてきます。生徒にとって，このような問題演習はテストのための問題，よい点数を取るための練習になってしまい，化学とは無関係になっています。そんな雰囲気になったところで，この授業を迎えました。

課題1 5種類の金属酸化物の混じった混合物がある。今から次の操作A〜Dを順番に行うと，それぞれの場面で何が起こったか考え，簡単に説明しなさい。また残っているイオンを図に書き出しなさい。

操作A：うすい塩酸を加える。
操作B：二酸化炭素を加える。
操作C：酸素を加える。
操作D：K^+を抜き取る

今までの問題とは少し変わっているため，生徒たちは教科書などで調べながら，少し不思議そうな顔をしています。そして最後の課題にたどり着きます。

課題3 このモデルは，ある質問に対する答えになっている。その質問とは何か。

生徒たちはポカンとしています。でも地学を選択していた生徒が，プリントのはじめに書いてあった割合が，クラーク数であることに気が付きました。

探究的な課題を考える時，他の教科で扱っている内容がヒントになることが多くあります。「教科横断的」などと肩に力を入れるのではなく，他の教科の先生の授業を見せていただいたり，教科内容について雑談をしてみます。思いがけず面白いテーマが，生物や地学のような理科の分野に留まらず，地理や歴史，家庭科や，時には国語や英語でも扱われていて，ヒントになることもあります。教員間も垣根を低くして協同的に学び合うことが，結局，生徒の深い学びを導き出すわけです。学校全体が深い学びを追求する協同組織になることが，生徒一人一人が深い学びを主体的に行おうとするモチベーションにつながるのだと思います。

生徒に課題を配布します。前回の授業で金属イオンの沈殿反応に関する知識を紹介し，簡単な演習課題を全員で考え，学び合いました。でも膨大な知識の山に辟易としています。

教　師　それでは，今日はこの課題を考えてもらおう。まず前提になる条件を確認しよう。はじめにワクの中にある金属酸化物の固体5種類の混合物がある。その混合物を操作Aでは「この混合物を塩酸の中に加える」。そして操作Bでは「その水溶液に二酸化炭素を加える」。そして操作Cでは「その水溶液に酸素を加える」。そして操作Dでは「カリウムイオンを抜き取る」。さて，それぞれの操作で何が起こるか，場面①〜⑤のところに書いてみよう。科学的な根拠も書けるところは書いてみよう。ではどうぞ。

生徒A　まず酸化アルミニウムは両性酸化物で，あとの四つは塩基性酸化物だから塩酸には溶けるよね。だから全部陽イオンになって溶けているということだね。

生徒B　次は二酸化炭素を加えるっていうことは炭酸イオンで沈殿するということ？　それなら Ca^{2+} だけ沈殿して $CaCO_3$ になるね。あとは溶けているはず。

生徒A　次は酸素を加えるっていうことだけど，何これ？　そんなことやったかな？

生徒B　えー，わからないよ。鉄イオンは錆びて沈殿しそうだけど……。沈殿なんて硫化物イオン S^{2-} しか習っていないよね……。あれ？　もしかして硫黄と酸素は16族だから似た振る舞いをするのかな？　だからイオン化傾向と関係があるのかな。

生徒A　そうすると鉄イオンは沈殿してもよさそうだね。

教　師　大切なヒントは，最後に残るイオンは一つだということだよ。

生徒B　えー，そうすると場面④で K^+ が無くなるから，鉄とアルミニウムが沈殿するということになるね。

生徒A　そして最後は Na^+ が残るんだね。

　課題2では，アルミニウムの鉱石であるボーキサイトが，なぜ赤色なのかということに気が付くところから始まります。資料集や動画を利用して，アルミニウムの製造工程を紹介します。すると生徒は，この色が錆びた鉄，酸化鉄の色であることに容易に気が付きます。つまりボーキサイトはアルミニウムと鉄の酸化物が混じったものだということになります。

　すると，どうすればアルミニウムだけを取りだすことができるでしょうか。それは以前に学んだアルミニウムと鉄の水酸化ナトリウムに対する反応の違いが利用できることになります。

　具体的には，水酸化ナトリウム水溶液を使うと両性であるアルミニウムだけを溶解させることができるわけです。このようにして課題2の正解を提示します。でも生徒たちはこの課題全体と課題3が結びつきません。

> **課題3** このモデルは，ある質問に対する答えになっている。その質問とは何か。

生徒C 何の答え？
生徒D このプリントの上にある％は何？ 地学でみたクラーク数じゃない？
生徒C そうすると地球の何か？ ボーキサイトとかも出てきたし……。
生徒D Na^+が最後に残るっていうことは？
生徒C あっ，そうか。食塩？
生徒D なるほど，この水溶液は海のことだね，どうしてしょっぱいか！ 最初に塩酸が入れてあるから，塩化物イオンは入ったままだったね。

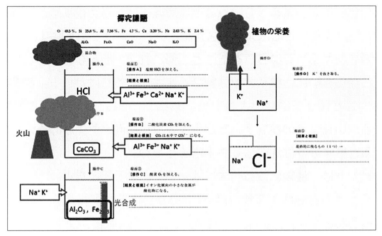

　生徒が気付いたところで，この操作を順番に振り返ります。まず操作Aはマグマオーシャンというどろどろの塊だった原始地球に大量の塩酸の雨が降る現象です。ここで地球は冷え，広大な海ができあがります。その後，火山の噴火に伴う二酸化炭素の放出が，海に二酸化炭素を溶け込ませ，Ca^{2+}が沈殿します。そして海に光合成する生物が生まれ，海の中に大量の酸素が供給されるとFe^{3+}とAl^{3+}が酸化物となって沈殿します。ボーキサイトにAl^{3+}とFe^{3+}が混合して含まれる理由です。そして陸地に植物が登場し，その栄養分としてK^+が吸収されていくと，その水溶液，すなわち海にはNa^+が残る。そして塩酸の海だったころからCl^-は残っているということになります。

　このように化学が自然界を相手にしていることをしっかり伝えることは，理科教師として重要な役目です。教養としての科学を伝える最後の機会になるかもしれない一つ一つの授業を大切にする考えが，深い学びを支える課題に込められていると思います。

（小松　寛）

5 資料やワークシート

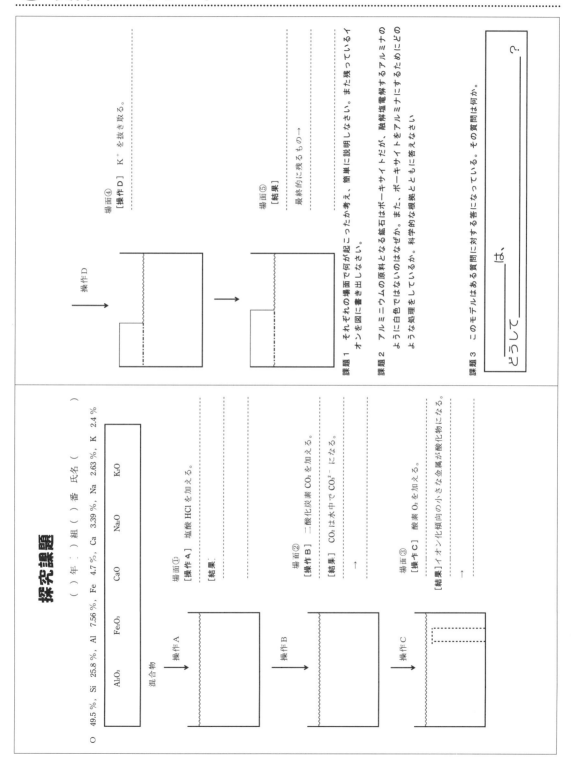

生物基礎　　　遺伝情報とタンパク質の合成

応用問題から転写・翻訳の理解を深めよう

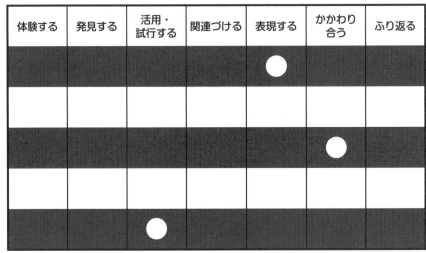

1 授業のねらい

応用問題から，転写と翻訳への理解を深めさせる。

2 授業づくりのポイント

　生物基礎の教科書や資料集には，DNA →〈転写〉→ RNA →〈翻訳〉→タンパク質の流れが記載されています。今回用意した「犯人は誰？」の問題は，まずA～FさんのDNA配列を示し，犯人の髪の毛のタンパク質のアミノ酸配列から，犯人を特定するという問題です。答えを導くには，DNA配列からRNA配列を考え，アミノ酸を特定する必要があります。また，A～FさんのDNA配列の中には生徒が間違いそうな選択肢をいくつか用意し，深い学びにつながるようにしました。イントロンやエキソンなどの情報を付け加えることにより，より難易度を上げることもできると思います。この問題を，グループ活動で考えさせることによって，助け合いながら学び合うことを図りました。

3 授業デザイン

時間	生徒の学習活動	教師の指導・支援
5分	1 資料集の遺伝暗号表を見て，20種類のアミノ酸があったことを確認する。（全体）	・遺伝暗号表の中から，髪の毛のタンパク質に含まれるタンパク質のいくつか紹介する。
10分	2 前回の授業の復習プリントを行う。（4人グループ）	・転写・翻訳とはどのようなものだったかを思い出させる。
	課題1　復習プリント 問1　下のDNAのH鎖から転写されるRNAの配列を答えよ。 　　　TACCAGCTA…H鎖 　　　ATGGTCGAT…L鎖 問2　以下の遺伝暗号表を使って，問1のRNAから翻訳されるタンパク質のアミノ酸配列を答えよ。（遺伝暗号表省略）	
5分	3 課題1の答え合わせを行う。（全体）	・RNAの構成要素には，チミンではなくウラシルが含まれることを強調して伝える。
5分	4 「犯人は誰？」の問題の内容を確認する。	・教師が問題を読んで，全員で確認する。
	課題2　ある事件現場に，犯人のものと思われる髪の毛が落ちていた。その髪の毛に含まれる，タンパク質のアミノ酸配列を調べたところ，以下のように並んでいた。 　　　グルタミン酸―ロイシン―アルギニン―アスパラギン酸―チロシン―プロリン―トリプトファン―バリン―セリン―フェニルアラニン 　　　犯人は，Aさん～Fさんの中の誰かであることがわかっている。以下は，Aさん～Fさんの，髪の毛で発現しているDNA配列（省略）を示したものである。ただし，DNAの配列として，おかしいものも含まれている。RNAの遺伝暗号表を利用し，犯人は誰か考えよ。	
25分	5 「犯人は誰？」の問題を行う。（4人グループ）	・生徒の活動に合わせて，全体にヒントを出す。
	6 ホワイトボードに考えた過程と犯人を記入し，黒板に貼る。（全体）	・生徒が記入したホワイトボードを使い，答え合わせを行う。

4 授業展開例

前回までの授業で，DNAとRNAの構造や，転写と翻訳の基本事項について学習しました。本授業では，「犯人は誰？」の応用問題に取り組むことにより，転写と翻訳への理解を深めます。また，応用問題の前に，復習プリント（応用問題を解くのに必要な事項を学べる）に取り組ませました。

「犯人は誰？」のプリント

ある事件現場に，犯人のものと思われる髪の毛が落ちていた。その髪の毛に含まれる，タンパク質のアミノ酸配列を調べたところ，以下のように並んでいた。

グルタミン酸−ロイシン−アルギニン−アスパラギン酸−チロシン−プロリン−トリプトファン−バリン−セリン−フェニルアラニン

犯人は，Aさん〜Fさんの中の誰かであることがわかっている。以下は，Aさん〜Fさんの，髪の毛で発現しているDNA配列を示したものである。ただし，DNAの配列として，おかしいものも含まれている。RNAの遺伝暗号表（省略）を利用し，犯人は誰か考えよ。

- Aさん　GAGCUAAGGGAUUAUCCAUGGGUGUCAUUC
　　　　　CUCGAUUCCCUAAUAGGUACCCACAGUAAG
- Bさん　CUCGAGUCUCUGAUAGGGACCCAGAGUAAG
　　　　　GAGCUCAGAGACUAUCCCUGGGUCUCAUUC
- Cさん　GAACTCCGGGATTATCCTTGGGTTTCCTTT
　　　　　TCCAGAATTTCGGCGAAGGTTTGGGAAGGG
- Dさん　CTCGAGTCTCTGATAGGGACCCAGAGTAAG
　　　　　GAGCTCAGAGACTATCCCTGGGTCTCATTC
- Eさん　CTCGAGCTCCTGATACCCACCCAGAGTAAG
　　　　　GAGCTCGAGGACTATGGGTGGGTCTCATTC
- Fさん　GAACTTAGAGACTATCCTTGGGTGTCGTTC
　　　　　CTTGAATCTCTGATAGGAACCCACAGCAAG

答えを導くには，DNA配列からRNA配列を考え，遺伝暗号表を使ってアミノ酸を特定する必要があります。A，BさんはDNA配列にウラシルが含まれており，Cさんは相補性が成り立っておらず，この三人はDNA配列としておかしいので犯人ではありません。ノーヒントでこのことに気付いたグループは，八つのグループの中で一つしかありませんでした。答えはDさんとFさんという設定です。

また，問題を解く前に，実際はこのような犯人探しは不可能であり，これは授業のために考えたやり方であるということを，生徒に伝えておきました。

> 課題1　復習プリント
> 問1　下のDNAのH鎖から転写されるRNAの配列を答えよ。
> 　　　TACCAGCTA………H鎖
> 　　　ATGGTCGAT………L鎖
> 問2　以下の遺伝暗号表を使って，問1のRNAから翻訳されるタンパク質のアミノ酸配列を答えよ。（遺伝暗号表省略）

　転写と翻訳に関する問題を解くのはこれが初めてでしたが，4人組で行ったことにより，どの生徒も理解することができていました。この後で，「犯人は誰？」のプリントを行うために，RNAの構成要素は，チミンではなくウラシルであるということを特に強調して伝えました。

答え合わせの様子

　次に，「犯人は誰？」のプリントを読み，4人グループで考えた過程と犯人を，ホワイトボードに記入するように指示を出しました。グループ活動の途中で，質問をしてきたグループや，行き詰っているグループがあれば，全体に質問を投げかけたり，全体にヒントを与えたりしました。グループ活動を開始して5分後に，以下のような疑問を持った生徒がいました。

生徒A　アミノ酸はこの順番（プリントに書かれている順番）通りじゃないとだめなのかな。
生徒B　わからない……。
教　師　ある班で，アミノ酸はこの順番通りですかという質問がありました。（RNAの並び順通りに，アミノ酸の並び順が指定されているということを黒板で説明）
生徒A　とりあえず全員のDNAをRNAに直してみよう。（止まっていたグループ活動が動き出す）

　グループ活動で出た質問は，全体に伝えるようにしました。また，グループ活動を開始して12分後には，以下のヒントも出しました。

生徒C　AさんとBさんは絶対に犯人ではないよ。
生徒D　なんで？
生徒C　DNAなのにウラシルがあるから。

生徒D　ふーん，そうか。
教　師　ある班で，AさんとBさんは絶対に犯人ではないという答えがでていました。
生　徒　うそ!?（何人かの生徒が驚く）
教　師　先に，DNA配列としておかしい人を探した方がいいんじゃないかな？
生徒E　DNA配列としておかしいってどういうことだろう？
教　師　DNA配列としておかしい人は，2人以上いますよ。

　いくつかのグループは，DNA配列としておかしいものがあることに気付かずに，A～FさんのDNA全てをRNAに直す作業をしていました。そこで，DNA配列としておかしい人が2人以上いるというヒントを出しました。

　最後の7分間で，グループで記入したホワイトボードを黒板に貼らせ，全体で確認しました。Dさんの下の配列と，Fさんの上の配列を転写・翻訳すると犯人のものと一致するという答えを導き出せたグループがいくつかありました。一方で，DNAの塩基配列のチミンをウラシルに直すという間違ったやり方で，答えを出したグループもありました。もう少し前の段階で，間違いに気付かせることができるとよかったです。

学び合う様子

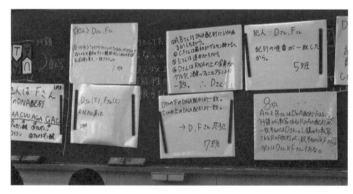

答え合わせの様子

（諏訪部　悠花）

5 資料やワークシート

※資料集のmRNA遺伝暗号表を参照して解く

犯人は誰？

（ ）年（ ）組（ ）番　氏名（　　　　　）

ある事件現場に，犯人のものと思われる髪の毛が落ちていた。その髪の毛に含まれる，タンパク質のアミノ酸配列を調べたところ，以下のように並んでいた。

グルタミン酸-ロイシン-アルギニン-アスパラギン酸-チロシン-プロリン
　　　　　　-トリプトファン-バリン-セリン-フェニルアラニン

犯人は，Aさん～Fさんの中の誰かであることが分かっている。以下は，Aさん～Fさんの，髪の毛で発現しているDNA配列を示したものである。ただし，DNAの配列として，おかしいものも含まれている。mRNAの遺伝暗号表を利用し，犯人は誰か考えよ。

- Aさん　GAGCUAAGGGAUUAUCCAUGGGUGUCAUUC
　　　　　CUCGAUUCCCUAAUAGGUACCCACAGUAAG

- Bさん　CUCGAGUCUCUGAUAGGGACCCAGAGUAAG
　　　　　GAGCUCAGAGACUAUCCCUGGGUCUCAUUC

- Cさん　GAACTCCGGGATTATCCTTGGGTTTCCTTT
　　　　　TCCAGAATTTCGGCGAAGGTTTGGGAAGGG

- Dさん　CTCGAGTCTCTGATAGGGACCCAGAGTAAG
　　　　　GAGCTCAGAGACTATCCCTGGGTCTCATTC

- Eさん　CTCGAGCTCCTGATACCCACCCAGAGTAAG
　　　　　GAGCTCGAGGACTATGGGTGGGTCTCATTC

- Fさん　GAACTTAGAGACTATCCTTGGGTGTCGTTC
　　　　　CTTGAATCTCTGATAGGAACCCACAGCAAG

生物基礎　　遺伝情報とタンパク質の合成

協同的な学びを通してタンパク質の合成のしくみを理解しよう

	体験する	発見する	活用・試行する	関連づける	表現する	かかわり合う	ふり返る
子供たちが見通しを持って粘り強く取り組み，自らの学習活動を振り返って次につなげる，主体的な学び					●		
他者との協働や外界との相互作用を通じて，自らの考えを広げ深める，対話的な学び						●	
習得・活用・探究という学習プロセスの中での，問題発見・解決を念頭に置いた深い学び							●

1　授業のねらい

> タンパク質の合成のしくみを，一人一人が説明できるようにする。

2　授業づくりのポイント

　生物基礎の遺伝分野でも，遺伝暗号表を使ってタンパク質合成を理解させたい，遺伝子研究の歴史のつながりの中で取り扱いたい単元です。タンパク質合成のしくみは，セントラルドグマというだけの価値のある発見です。しっかり教えようとすると，3種類のRNAやリボソームなど発展的内容を含み，理解しにくい単元でもあります。そこで，学び合いのための道具を作って，授業づくりをしました。教師が流れを簡単にふれただけで，全員が説明できることを目標にしました。これができると入試問題もできるようになります。自立した学習者の育成が大きな目標ですから，できるだけ教師が教えないのがポイントです。

3 授業デザイン

時間	生徒の学習活動	教師の指導・支援
5分	1 前時の確認をする。	・本時の目標を説明する。 ・前時に配布したプリントで確認させる。
5分	2 プリントの問題で既習内容を確認する。(2人ペア)	・本時のプリントを配布し,確認問題をやらせる。答えをペアで確認し合う。生徒の状況を観察する。できない生徒にはヒントを与える。
	問題1 RNAとDNAの塩基の違いを説明しなさい。 問題2 RNAの塩基はDNAのどの塩基と水素結合するのか。	
15分	3 タンパク質合成の流れを確認する。 4 4人グループになる。色画用紙を取りに行く。	・タンパク質合成について,黒板に図を書き,簡単に説明する。 ・4人グループになるように指示する。
	課題1 DNAの遺伝暗号がどのように転写され,翻訳されるのか全員に説明しなさい。	
20分	5 入試問題を解く。(4人グループ)	・グループの様子を観察し,つながるきっかけをつくり学び合いを促進する。 ・うまく道具を使えているのか確認する。 ・再び4人グループになり,問題を考えさせる。
	プリントの入試問題を解く。	
5分	6 わからないところは,班の中で聞く。 7 コの字に戻り答えを説明する。	・生徒の状況を観察する。できない生徒にはヒントを与える。 ・答えを,口頭で述べさせる。 ・時間のない場合は,解答を次の時間に持ちこす。

4 授業展開例

　生徒はすでに，ワトソンとクリックが解き明かしたDNAの構造から，複製が半保存的に行われることを学びました。タンパク質が生体内で重要な役割を果たしていることも学んでいます。炭水化物や脂質もタンパク質によって作られることも理解しています。ですから生徒は，タンパク質がどのように作られ，遺伝暗号がどう伝わっていくのか興味を持って，この授業に臨んでいます。

　本時では最初に前回学んだことを確認します。タンパク質合成には転写と翻訳があり，遺伝情報がDNA⇒RNA⇒タンパク質の順に伝わることです。遺伝暗号である塩基配列が具体的にどう伝わっていくかは教えていません。本時で理解して（気付いて）ほしい点です。遺伝暗号表も初めて示します。

　既習事項の確認が終わった後，プリントを配布し，問題を1人で行います。

問題1　RNAとDNAの塩基の違いを説明しなさい。
問題2　RNAの塩基はDNAのどの塩基と水素結合するのか。

　これからの展開で必要になる基本的事柄の確認です。既習事項なのでできるはずですが，「説明する」「水素結合」という言葉にひっかかってしまい解答に躊躇する生徒もいます。状況を見てペアにし，互いに答えを確認させます。答えが書けていない生徒には隣の答えを参考にするように言います。ただ写すのではなく，少しでも疑問点があれば聞くようにいいます。プリントに載せる問題は，選択肢ではなくできるだけ書かせる問を用意しておきます。

　「水素結合」という用語を入れたのは，ヌクレオチドを構成する糖，リン酸，塩基は共有結合，相補的に結合する塩基は，水素結合と教えています。水素結合は共有結合より弱いので分離しやすいと思ってもらえばよいです。

　この後，タンパク質合成の流れを黒板に図を書いて説明しました。遺伝暗号がどのように伝わるかについては，生徒に考えてほしいのであえてふれず，転写されたmRNAが細胞核から出て，リボソームでtRNAが運んできたアミノ酸を遺伝暗号に従って結合させ，タンパク質を作る。この程度です。

図1　板書の例

　学び合いのための道具として，各班には，DNAの塩基配列を書いた長い紙，4色の画用紙で作ったmRNAの4種類の塩基，アミノ酸を書いた四角い紙，厚紙のリボソームを1セット

にして配りました。

> **課題** DNAの遺伝暗号がどのように転写され，翻訳されるのか全員に説明しなさい。

　DNAの塩基配列もとに，mRNAの塩基を並べます。問題2の確認です。並べたものをそのまま移動させて，リボソームの上に置きます。対応するアミノ酸をもってきます。ここで教科書に載っている遺伝暗号表に注目させ，暗号を解読させます。開始コドンと終止コドンが入っていることにも気付くはずです。

図2　転写のようす

生徒A　リボソームの上にmRNAを持ってきて。
生徒B　これからが翻訳か。
生徒C　三つの塩基で一つ，アミノ酸を指定するから。
生徒B　(暗号表を見て)過去最初はメチオニンか。20種のカードから探すのは大変。
生徒A　なんかカードゲームみたい。
生徒B　終止コドンは何もアミノ酸がない。どういうこと？
生徒D　これ以降は何も作らないということじゃないかな。

　mRNAの塩基配列を，移動させずそのまま，翻訳しようとする班には，細胞核から移動させてリボソームの上に置くように指示します。遺伝暗号表がDNAの塩基配列を示していると勘違いする班もあります。結果が違った原因を考えさせます。すぐに答えを教えないことが大切です。
　4人いると，教えることなく最後まで行く班がほとんどです。「全員に説明できる」が目標ですが，「全員が納得できる」というところでしょう。理解度は，次の問題演習で差が出ます

が，これも学び合いで，不十分な生徒が他生徒に聞くことで解決します。

　生徒を観察して学び合いがあまり進んでいない班には，教師がヒントや質問をして促進させます。

図3　翻訳のようす

> **練習問題**　図のDNA鎖で終止を指定するDNAのトリプレットの一つの塩基が失われ，アミノ酸配列は終止しなくなった。失われたDNAの塩基の名称，およびそのことによって指定されるアミノ酸を答えよ。

生徒A　mRNAがUAAで終止コドン。
生徒B　その一つがなくなる。UかA。
生徒A　UA，AAってこと
生徒C　これじゃ，アミノ酸を指定できない。やっぱり終止コドン。意味不明。
生徒D　隣のGが入り，UAG，AAGになるんじゃない。
生徒A　暗号表では，終止コドンとリシン。じゃあ，答えはリシンでAAG。Uがなくなった。
生徒B　UはmRNAの暗号だから，DNAに合うのはA，アデニンだよ。

　遺伝子突然変異の話をしていないので，難しいかもしれませんが，タンパク質合成のしくみを理解していればできます。

　問題演習はこちらが指示しなくても，タンパク質合成のしくみを理解した班は，自主的に進めます。難しい問題，少し考える問題では，聞き合うようになってきます。

　プリントではこの前に，簡単な確認問題を入れておきました。

　最後に答えを確認します。答えがはっきりしている場合は，口頭で答えてもらいます。文章で説明する場合などでは黒板に書いてもらいます。机をコの字にして，解答者，黒板の両方に注目できるようにします。

（川北　裕之）

5 資料やワークシート

生物基礎プリント
タンパク質合成の過程　転写と翻訳

（　）年（　）組（　）番　氏名（　　　　　　）

タンパク質は、遺伝子の本体である（　　）の（　　）にもとづいて合成される。教科書の図を参考にして、タンパク質合成の過程を理解しよう。獲得免疫のときのように4人グループになって、このプリント、教科書等をもとに学び合おう。

用意したもの：DNA塩基配列、mRNAのヌクレオチド、アミノ酸分子

RNA

問1　RNAとDNAの違いについて述べなさい。

問2　RNAの塩基はDNAのどの塩基と水素結合をするのか。
RNAの　　　と　　　
アデニンと　　　

転写　1から2の順に進む

1 DNAの塩基配列がRNAに写し取られる過程を転写という。核の中で、DNAの二本鎖となり、一方のヌクレオチド鎖の塩基と相補的にRNAのヌクレオチドが結合する。DNAの2本鎖のうち、どちらがアンチセンス鎖になるかは遺伝子ごとに決まっている。

2 DNAの塩基配列に従って並んだRNAのヌクレオチドどうしがRNA合成酵素（RNAポリメラーゼ）という働きによって次々に結合して伸長し、1本のRNAとなる。このRNAはmRNA（伝令RNA）と呼ばれる。mRNAは核膜の孔を通って細胞質基質に移動する。

翻訳　3から7の順に進む

3 翻訳の過程で働くRNAには、mRNAの他にrRNA（リボソームRNA）とtRNA（転移RNA）がある。rRNAはタンパク質とともにリボソームと呼ばれる微小な顆粒を構成している。リボソームは翻訳の場で存在し、翻訳の場となる構造体である。

4 mRNAは3つの塩基で1つのアミノ酸を指定しており、この三つの塩基の配列はコドンと呼ばれる。tRNAには、コドンに相補的に結合する塩基が含まれ、アンチコドンと呼ばれる。tRNAが運搬するアミノ酸は、それぞれアンチコドンによって決まっている。（アンチコドンは略）

5 mRNAが、核から細胞質基質に移動するとリボソームがmRNAのコドンに相補的なアンチコドンをもつtRNAが結合する。

6 細胞質にはアミノ酸を多数保有している。リボソームは mRNA上を3塩基分ずつ移動する。リボソームによって運ばれてきたアミノ酸が順次結合する。アミノ酸どうしは、ペプチド結合と呼ばれる結合によって連結され、ポリペプチドになる。

7 アミノ酸を渡したtRNAは、mRNAから離れて再びアミノ酸と結合し、リボソームへとアミノ酸を運搬するようになる。このような過程で細胞基質で翻訳が行われる。

塩基配列がアミノ酸配列を決める

アミノ酸を指定するmRNAの塩基の並びは、3つの塩基の並びで、（　）通りになる。（　）×（　）×（　）＝（　）通りになる。4種類の核酸塩基が存在するので、3つの塩基の種類を組み合わせたものであり、コドンの各コドンに対応するアミノ酸の種類が決まる。遺伝暗号表より、コドンを左欄から、2番目を上欄から、3番目を右欄から選んで組み合わせると、対応するアミノ酸がわかる。

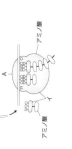
核膜
アミノ酸

練習問題1　右図は、真核生物においてDNAの情報にもとづいてタンパク質が合成される過程を模式的に示したものである。

(1) 図中ア、イの物質を何というか。
(2) DNAの情報にもとづいてつくられる過程を何とよぶか。
(3) タンパク質は、多数のアミノ酸がつながってできたものである。このアミノ酸どうしの結合を何というか。
(4) Aは、ある細胞小器官を示している。その名称を答えよ。

練習問題2　DNAから転写された遺伝情報はmRNAに伝えられ、その情報どおりの順序にてアミノ酸がペプチド結合でつながれ特定のタンパク質が合成される。下図は、このような遺伝情報の流れを模式的に示している。これについて次の各問いに答えよ。

DNA鎖	A	C	T	A	C
mRNA	G	G	U	A	A	G
tRNA（アンチコドン）		ア			イ	
アミノ酸		エ			オ	（終止）

(1) 図中のア、イ、ウに相当する塩基配列を示せ。
(2) 遺伝暗号表を参考に、エ、オに相当するアミノ酸名を示せ。
(3) RNAに転写された遺伝情報が翻訳される細胞小器官を答えよ。
(4) 図のDNA鎖の、終止を指定するDNAのトリプレットの一つの塩基が失われ、終止しなくなったDNAの塩基の名称、およびこのことによって指定されるアミノ酸を答えよ。

| 生物基礎 | | 体内環境 |

「私たちの体はうまくできている」と実感しよう

	体験する	発見する	活用・試行する	関連づける	表現する	かかわり合う	ふり返る
子供たちが見通しを持って粘り強く取り組み，自らの学習活動を振り返って次につなげる，主体的な学び		○					
他者との協働や外界との相互作用を通じて，自らの考えを広げ深める，対話的な学び						○	
習得・活用・探究という学習プロセスの中での，問題発見・解決を念頭に置いた深い学び							○

1 授業のねらい

肝臓の働きを肝臓に出入りする4本の管に注目して理解する。

2 授業づくりのポイント

　肝臓は，代謝の中心となる器官です。多くの働きがありますが，ともすると働きの羅列で終わり，腎臓に比べあまり印象に残らない単元です。そこで肝臓に出入りする4本の管に注目して，肝臓の働きを考えることにしました。中学では肝臓は消化系の中の位置づけですが，高校では恒常性を維持する器官としての位置づけです。中高のつながりを意識しながら，授業づくりをしました。班で協力してわからない点は調べ，働きを考えていく授業です。複雑で覚えることが多い授業から，「私たちの体はうまくできている」と実感できる授業にしたいと思いました。

3 授業デザイン

時間	生徒の学習活動	教師の指導・支援
5分	1 肝臓の構造に関する説明を聞き，プリントの穴埋めを行う。	・本時のプリントを配布し，説明を加えながらプリントの穴埋めを行わせる。
	問題1　肝臓の構造に関する各問	
5分	2 プリントの問題で既習内容を確認する。（2人ペア）	・教科書，図説を参考にさせる。答えはペアで確認し合う。生徒の状況を観察する。できない生徒にはヒントを与える。 ・黒板に肝臓とそこに出入りする4種類の管を書いておく。
25分	課題　肝臓に出入りする4種類の管に注目して，肝臓の働きついて考えていこう。	
	3 肝臓の働き関する各問を考える。（4人グループ） 協力して解いていく。 班によっては，分担する場合もある。	・肝臓の働きに関する各問を4人グループで考えるように指示する。 ・グループの様子を観察し，つながるきっかけをつくり学び合いを促進する。 ・教科書，図説に載っていない場合は電子辞書を使うように言う。
5分	4 指名された問題の答えを黒板に書く。	・分担してもよいが，他の生徒の答えでわからないことがあれば聞くように言う。 ・生徒の状況を観察する。できない生徒にはヒントを与える。
	5 机をコの字にする。	・班別に答えを黒板に書かせる。
10分	6 答えを述べる。 　質問をする。	・机をコの字にさせる。 ・答えを，口頭で述べさせる。 ・質問を促す。

4 授業展開例

　血液の循環に続く授業です。血液の循環の図の動脈血に赤色，静脈血を青色に塗らせたりしています。ニワトリの心臓の解剖を行い，心臓に出入りする血管を確認しています。肝臓に出入りする管に注目するのは，自然な流れでもあります。

　最初に授業では，プリントを配布し，図で肝臓の位置を確認して，肝臓の構造に関する文章の穴埋めをします。解説をしながら，用語や（重さなどの）数値を入れていきます。この中で4本の管，つまり肝動脈，肝静脈，肝門脈，胆管が肝臓につながっていることにふれます。それぞれの働きを考えることが，本時のねらいですから，ここでは詳しい説明はあえてしません。

　そして，次の問題1を解きます。

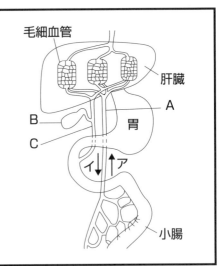

問1　肝臓に関する問いに答えなさい。
1　図のA～Cの部分の名称を記せ。
　A…（　　　）B…（　　　）
　C…（　　　）
2　肝静脈はどれか。矢印で示し名称を入れなさい。
3　肝静脈はどこつながり，最終的にどこいくか。
　（　　　・　　　）
4　Aの体液の流れる方向は，図の矢印アまたはイのどちらか。

　生徒は，解説で穴埋めをやった文と教科書や図説（第一学習社のスクエア最新図説生物を使用）で確認します。まず一人でやってみて，生徒のようすを見て隣の席とペアになるように指示します。わからない，自信のない時は遠慮なく聞くようにいつも言っています。黒板に肝臓とつながる4本の管を描いておきます（図1）。

　次に肝臓の働きに入ります。この授業の場合は，入試問題でなく，自作の問を載せています。解き終わる時間を告げます。ここでは20分間位，実際は状況を見て決めます。問題が多いと生徒は分担するようになります。中には1問ずつ考えていく班もあります。どちらがよいとは言えませんが，ただ他の人の答えを写すだけでなく，なぜそうなのかわからないことがあれば聞くようにと言っています。

図1　肝臓の構造1

学び合いが成立しにくくなっている班には，こちらから入ってヒントを与えたり，載っている場所を教えたりします。わからない用語は電子辞書を積極的に使うように言います。慣れてくると何も言わなくても電子辞書を使うようになってきます。また，先ほど，問1で黒板に描いた図がヒントになっています。適宜，用語や矢印などを入れておきます（図2）。

　4本の管の最初は，肝門脈についての問いです。
「問2　炭水化物やタンパク質はどの消化器官で分解されるか」
「問3　肝臓には血液の約3分の1が流入するが，その多くが入る血管は何か。その血液にはどのような物質が入っているのか，その物質はどこから来たものか」

　問2は中学の復習。問3は，肝門脈が答えです。答えは教科書に書いてあります。

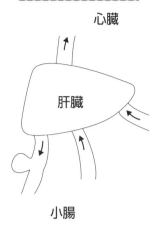

図2　肝臓の構造2

生徒A　問2は，中学でやった消化のところだね。
生徒B　確か胃と小腸だと思う。
生徒C　図説で確認したけど（61ページ参照とプリントにある）確かにそう。
生徒B　問3は……，どこかにあった？
　　　　　他の生徒は教科書を必死で読んでいる。少し経って。
生徒A　教科書のここに出てる（肝門脈のところを指で指す）。
生徒B　門脈って何？
生徒D　両端に毛細血管がある血管だって。電子辞書に載ってたよ。
生徒B　じゃあ，これも血管の一つってことか。

　血糖量の調節については，まず問4で代謝におけるグルコースの役割を問い，問5で栄養を摂りすぎた場合，肝臓でグルコースは何に変化するのか問います。肝臓の働きが既習事項（細胞内での代謝）つながっていることに気付かせます。

　炭水化物の次は，タンパク質に関する問です。肝門脈からアミノ酸が肝臓に取り入れられると答えています（問3）。ではアミノ酸はどうなるのか。アミノ酸が多数結合して，アルブミンや血液凝固タンパク質が合成されることを調べさせます（問6）。

　代謝には，炭水化物やタンパク質の合成があれば分解もあります。肝臓で行っている分解についてまとめさせます（問7）。

　次は，2本目の管，胆管について。まず，胆汁の役割を問い（問8），胆管の役割を確認します。これで三大栄養素，炭水化物，タンパク質，脂質に関する肝臓の役割がわかります。

3本目の肝静脈について，これはどこにつながり，血液にはどのような物質が含まれているのかを問います（問10）。

　最後に，肝動脈について。どこからから来て，血液には何が多く含まれているのかを問います（問11）。心臓から来て酸素が多く含まれ，肝臓の代謝を多く含むと，今までの解答から答えることができます。

生徒A　うちの班は問7が当たった。肝臓で分解するものたくさんあるね。どう書いた？
生徒B　アルコールの分解，有毒なアンモニアの分解，タンパク質の分解，くらいかな？
生徒C　グリコーゲンの分解もあるかも。グルコースにしてエネルギーにする。
生徒B　赤血球の破壊は，答えの一つとしてあがっているのでそれでいいと思う。
生徒A　これを黒板に書くのは？
生徒B　字がきれいなCさんにお願い！
生徒D　じゃんけんで決めたら。
生徒A　負けた。じゃあ，書いてくる。3人の答えを確認させて。

　この内容を1時間で終わらせるのは大変と思われるかもしれませんが，この形式に慣れてくるとできるようになります。最後の答え合わせは，口頭で済ませていたこともありましたが，一部の生徒からは不評で，特に文章で答える場合は，黒板に書いた上で，口頭で答えるようになりました。次の時間の予告をして授業は終わります。

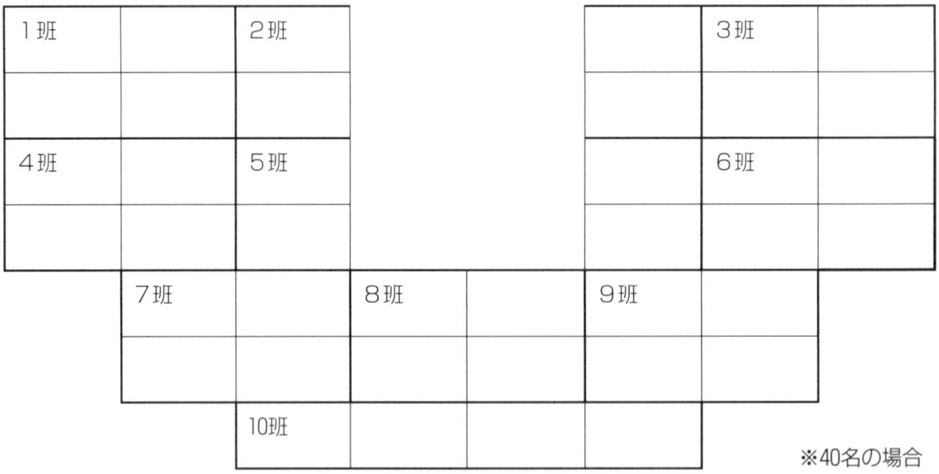

1班		2班				3班	
4班		5班				6班	
	7班		8班		9班		
		10班					

※40名の場合

図3　コの字の座席配置
・前4列は向かい合わせに座る。後3列は前を向いて座る。
・全員が班長とし，その場その場の役割を考える。
・話し合いをスムーズにすすめるためには，<u>できれば男女混合に，男女は市松模様に座る。</u>

（川北　裕之）

5 資料やワークシート

生物基礎プリント

肝臓の働き

（　）年（　）組（　）番　氏名（　　　　　　　）

肝臓は、肝つまりキモ　重要な意味である。重要な器官という意味である。重要性を確認しよう。

1 肝臓の構造

小腸の粘膜から吸収されたブドウ糖やアミノ酸は、小腸の壁の中を通る血管（毛細血管）に入る。血液に乗って運ばれるが、運ばれる先が（　　　）である。つまり消化管に付属する最大の内臓器官。重さは成人で（　　）～（　　）%も含まれており、（赤茶）色をしている。胃や小腸、大腸などの消化器官を通った血液は、吸収した栄養分を肝臓に運達してから心臓にもどるようになっている。肝臓には、4本の管【肝動脈、（　　）、（　　）、（　　）】がつながっている。

肝臓には約50万の（　　　）があり、肝小葉は、大きさ1～2mmの多角形で、その中心に静脈が貫いている。

毛細血管

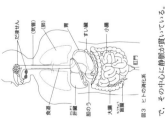

問1 肝臓に関する問いに答えなさい。
1 図のA〜Cの部分の名称を記せ。
A…（　　　）B…（　　　）C…（　　　）
2 肝静脈はどれか、矢印で示し名称を入れなさい。
3 肝臓はどこにつながり、最終的にどこにいくか。
（　　　　　　）⇒（　　　　　　）
4 Aの体液の流れる方向は、図示の矢印アまたはイのどちらか。

約50万の

2 肝臓の働き

肝臓に通ずる4本の管に注目して、肝臓の働きについて考えていこう。
問2 炭水化物やタンパク質を分解するのはどの消化器官か、これらはそれぞれの構成単位まで分解される。その物質名は何か。
器官名　口、（　　　）、（　　　　）
物質名　炭水化物　⇒　（　　　　　　）　タンパク質　⇒　（　　　　　　）

問3 肝臓には血液の約3分の1が流入するが、その多くがえる血管は何か。
その物質はどのような物質が入っているのか a、
その物質はどこから来たのか b、その物質はどこから来たのか c。

a	c
b	

問4 代謝におけるグルコースの役割を説明しなさい。

問5 栄養を摂りすぎた場合、肝臓ではグルコースをある物質へ変えて蓄える。その物質名は何か。
（　　　　　）

問6 肝臓での炭水化物の代謝については答えたが、次にタンパク質の代謝について、肝臓ではどのようなタンパク質が合成されるのか。
（　　　　　）

問7 問5と問6で合成される物質について理解したが、肝臓ではどんな物質を分解しているのか説明しなさい。

ヒント：赤血球を破壊すること以外で答えること。

問8 胆のうと胆管の役割を説明しなさい。
胆のうは、

問9 三大栄養素として、炭水化物、タンパク質、脂質（脂肪）がある。炭水化物とタンパク質に関しての肝臓の役割について学習したが、脂質（脂肪）に対して肝臓はどのような役割を果たしているのか。
図説61ページ参照

問10 肝静脈は肝臓から出てどこにつながり、血液にはどのような物質が含まれているのか。今までの解答を参考にして考えること。

問11 肝動脈につながる4本の管の残り、つまり肝動脈について、肝動脈はどこから肝臓につながるのか、大元どこから器官名を答えなさい。含まれる血液にはどのようなものが多く含まれているのか。
どこ

| 生物基礎 | | 体内環境 |

トリの尿の秘密を解明しよう

	体験する	発見する	活用・試行する	関連づける	表現する	かかわり合う	ふり返る
子供たちが見通しを持って粘り強く取り組み，自らの学習活動を振り返って次につなげる，主体的な学び				●			
他者との協働や外界との相互作用を通じて，自らの考えを広げ深める，対話的な学び						●	
習得・活用・探究という学習プロセスの中での，問題発見・解決を念頭に置いた深い学び		●					

1 授業のねらい

トリの尿の成分が，尿酸である理由を説明できるようにする。

2 授業づくりのポイント

誰もが参加できる授業をする上で，グループ学習は有効です。しかし行うにあたっては，適切なテーマ設定と，生徒が自然と話し合いに参加したくなるような手だてが重要になります。そこで本授業では次の点に留意しました。

(1) 身近な現象を題材にすること
(2) グループは発言しやすい4人構成にすること
(3) 一人一人に役割を与えること
(4) 全体での意見交換では，机の配置をお互いの顔が見えるコの字型にすること

3 授業デザイン

時間	生徒の学習活動	教師の指導・支援
13分	1　本授業で学ぶことを理解する。	・授業のテーマと流れについて板書する。
	2　各自のノートにトリの糞を描く。 　　（コの字　全体）	・全員が描くように机間指導を行う。
	課題　トリの尿は，なぜ尿酸なのか。	
	3　トリの「糞」を写真で確認し，ヒトとトリの尿の違いを理解する。（コの字　全体）	・イメージしやすいように写真を用いて説明する。 ・ヒトの尿の成分（尿素）とトリの尿素成分（尿酸）は違うことを確認させる。
	課題解決のための小テーマ 　A　ナメクジに塩をかけるとなぜ溶けるのか。 　B　アンモニア・尿素・尿酸の違いは何か。 　C　トリやヒトの赤ちゃん（胎児）はどうやって尿を処理するのか。 　D　お風呂に長時間入っていると，なぜ指がシワシワになるのか。	
5分	4　小テーマの担当を決める。 　　（4人　ホームグループ）	・グループ学習の進め方について説明する。 ・挙手をさせて決まった担当を確認する。
12分	5　小テーマ毎のグループになり，担当になった内容について学ぶ。 　　（4人　エキスパートグループ）	・学び合うことができるように，参考プリントはグループで1枚の配布とする。 ・アンモニアと尿素水溶液の入った試験管を配布する。
10分	6　元のグループで，ジグソーグループで学んだことを報告し合う。 　　（4人　ホームグループ）	・発表しやすいように，テーマの答えは2行でまとめるように指示しておく。
	7　ホワイトボードシートに，班の意見を記入して，黒板に貼る。 　　（4人　ホームグループ）	・全員が議論に参加できるように，司会・運搬・書記・発表の役割を与える。 ・四つのテーマ全てを用いて考えるように指示する。
10分	8　グループ内の意見を全体に発表し，プリントにまとめる。 　　（コの字　全体）	・発表の生徒の意見を紡いで，答えを導き出す。
	まとめ　尿酸であるため，卵内での胎児成長や，飛行のための体重の軽量化ができる。	

※ジグソー法とはグループの構成員一人一人が持つ異なった知識をつなぎ合わせることで，課題解決に取り組む方法です。自らの持つ知識を他人に説明する必要性が生じるため，全ての生徒が学習活動に参加する雰囲気が生まれます。

4 授業展開例

　前時までにヒトの肝臓と腎臓の働きについて学習しました。本授業ではヒト以外の動物の尿について知ることにより，動物の進化と尿の成分との関わりについて学習します。

　授業の始めには授業テーマと流れを板書します。授業の全体像を予め示すことで，生徒に心の準備をさせるとともに，授業の途中で何をしているのかわからなくなる生徒を減らす効果もあります。なお，板書は授業が終わるまで消さないようにしています。

　導入としてトリの糞の絵を描かせました。その後，ヒトの尿の成分が尿素でトリの尿の成分が尿酸であることを説明した上で，課題を提示しました。

課題　トリの尿は，なぜ尿酸なのか。

　さらに，課題を解決するための四つの小テーマを提示しました。そしてホームグループで各自が調べる小テーマを，分担して決めるように伝えました。

課題解決のための小テーマ
A　ナメクジに塩をかけるとなぜ溶けるのか。
B　アンモニア・尿素・尿酸の違いは何か。
C　トリやヒトの赤ちゃん（胎児）はどうやって尿を処理するのか。
D　お風呂に長時間入っていると，なぜ指がシワシワになるのか。

　すべてのグループで担当者が決まったことを確認して，A〜Dの担当ごとに新たにジグソーグループを作るように指示しました。ジグソーグループには資料を1枚ずつ配りました。またBグループには試験管に入ったアンモニア水と尿素水を渡しました。そして4人で1段落ずつプリントの内容を輪読した後に，小テーマの答えを2行でまとめるように指示しました。輪読させることで一人一人の役割が明確になり，自然とグループ活動へ引き込まれていくようになります。資料に書いてある内容の要点は次のとおりです。

　AとDは，水は濃度の低い場所から高い場所へ移動すること
　Bは，アンモニアは有毒で水溶性，尿素は無毒で水溶性，尿酸は無毒で不溶性であること
　Cは，トリは尿を卵内に溜めておく，ヒトは胎盤を通じて排出すること

　2分程ですべての班が読み終わり，静かになります。やがて生徒同士のつぶやきが聞こえてきました。

生徒1　ナメクジに塩をかけると，体の水分が吸い取られて体が小さくなっていくんだよ。

生徒2 よく理解できていないんだけど。

わからない生徒がわからないと言い，周りの仲間が教え合える。これがグループ活動の醍醐味です。一方でグループによっては，授業とは関係のない話をしている生徒もいました。すべての生徒が一斉に学びに入るのが理想ですが，実際には難しいです。しかし与えたテーマが適切（身近な話題，少し考えれば解けそうな内容）であれば，どこかのタイミングで生徒は学びに入っていくと感じています。小テーマの答えをジグソーグループでまとめた後，ホームグループに戻りました。そしてジグソーグループでわかった内容を説明し合い，課題についてホワイトボードシートにまとめるよう指示しました。活動に先立ちグループ内での役割分担について説明します。今回は，出席番号順に運搬，司会，発表，書記としました。これは全員が活動に参加できるようにするしかけです。運搬の生徒がホワイトボードシートとペンを教卓まで取りに来て，グループ活動が始まりました。道具を使うことで生徒同士のつながりが生まれやすくなります。例えばペンや消しゴムを手渡しする。この何気ない動作がグループ活動を進める上での大切な雰囲気を作ります。自然と次のような会話が聞こえてきました。

生徒1 じゃあ，Aの人から順番に発表して。
生徒2 体の周りに濃い塩水があると，濃さを合わせようと体内の水は濃い塩水に追い出され，体の中の水分が外へ出て，濃度が同じになることでナメクジが小さくなる。
生徒3 長くて，よくわからないよ。
生徒2 短く言う？ 塩をずっとかけ続けると体の中の水分がなくなって，最終的に死ぬ。
生徒4 それでいいじゃん。わかりやすい！

他の生徒に説明することで，知識が自分のものになっていきます。グループ活動中の机間指導は思考の邪魔にならないように配慮しました。活発に議論しているグループにはできるだけ近づかず，議論が停滞しているグループに話しかけました。教師が話し始めると，生徒は教師の方を見ます。そこでグループ活動が苦手そうな生徒の後ろに立って話しかけることで，全員が活動に参加できる雰囲気づくりを意識しました。そんな中で，このような会話をしていたグループがいました。

生徒1 尿酸は水に溶けないから，トリの糞は白い固体みたいなもので出てくる。
生徒2 だからそれはなぜか。
生徒3 あっ，飛んでるから？
生徒4 セミだって，おしっこはヒトと同じ液体だよ。

教え合う様子

生徒3　確かにね。

　グループ内で意見を交流させながら学びが深まっていきました。生徒は正解を導き出そうと努力しますが，結果として正解までたどり着かなくても構わないのです。考える過程が大切だと考えています。また日常生活での体験からセミの話題が出たように，教師が想定していなかった方向に話が進むこともあります。実際にはセミが排出する液体の成分はほとんどが水で，本授業のテーマとは無関係です。しかしこのように様々な方向に興味関心が広がるのが，本来の学びだと思うのです。

　いよいよまとめの段階になりました。ホワイトボードシートを黒板に貼り終えたら，机をグループからコの字の形に並べ替えるよう指示しました。クラス全体で意見を共有する際は発表する人の顔が見えると，より意見を言いやすい雰囲気になります。各グループの記載内容と生徒の発表から，尿酸の排出には水が必要でないため，空を飛ぶ必要のあるトリの軽量化に役立つことを，理由の一つとして導き出しました。二つ目の理由は生徒だけの話し合いでは導き出せなかったため，教師の支援が必要となりました。以下がそのやりとりです。

教　師　トリの尿が尿酸である，もう一つ大事な理由があるのです。尿酸を出す生き物はトリ以外に，（写真を出しながら）トカゲやヘビがいます。これらの共通点は何？
生徒1　卵を産む。
教　師　そう，そこが大事なところなのです。
教　師　（卵を板書しながら）卵生の生物は卵内でおしっこを溜めておく特性があります。もしこれが，尿素なら。DとAを勉強した人，これ不都合があるよね。
生徒3　溶けちゃう！　小さくなっちゃう。
教　師　何で小さくなっちゃう？
生徒4　濃さを調節しようとするから。
教　師　そうだ，そこだね。尿素なら卵の中で干からびて死んでしまうのです。進化の神秘ですね。

全体での意見交換

　生徒の発言を促し，意見を紡ぎゴールに導く作業は，私にとって最も創造的な時間です。また，授業をする上でのやりがいを感じるところでもあります。

5 評価について

　授業の最後には個に戻ってまとめる時間を設けました。授業内容のまとめを短い文章で書かせることで知識の定着を促します。また理解の度合いを確認できるため，次回の授業展開の参考にしています。

（増田　雄介）

6 資料やワークシート

トリの尿は，なぜ尿酸なのか

（　）年（　）組（　）番　氏名（　　　　　　　）
＊プリントは返却後，ノートに貼る。

A　ナメクジに塩をかけるとなぜ溶ける？（担当：　　　　）

B　アンモニア　尿素　尿酸の違いは？（担当：　　　　）

C　トリやヒトの赤ちゃん（胎児）はどうやって尿を処理する？（担当：　　　　）

| トリ |
| ヒト |

D　お風呂に長時間入っていると，なぜ指がシワシワになる？（担当：　　　　）

A～Dを元に
「トリの尿は，なぜ尿酸なのか」

グループの考え	新たにわかったこと

生物基礎　　　　　　　　　　　　　　　　免疫

協同的な学びを通して獲得免疫のしくみを理解しよう

	体験する	発見する	活用・試行する	関連づける	表現する	かかわり合う	ふり返る
子供たちが見通しを持って粘り強く取り組み，自らの学習活動を振り返って次につなげる，主体的な学び					○		
他者との協働や外界との相互作用を通じて，自らの考えを広げ深める，対話的な学び						○	
習得・活用・探究という学習プロセスの中での，問題発見・解決を念頭に置いた深い学び		○					

1 授業のねらい

獲得免疫のしくみを，一人一人が説明できるようにする。

2 授業づくりのポイント

　生物基礎の生体防御は新しい単元です。この分野は，進歩が早く新しいことが次から次にわかってきているようです。一方で生活との関連が深く，全員の生徒に理解してほしい単元です。しくみが複雑で聞き慣れない用語が多く，教えにくい分野です。説明してもなかなか理解してもらえず，問題演習を行おうとしても新しい単元のため入試問題の蓄積が十分にありません。
　このような単元では，協同的な学びが効果を発揮すると考えました。生徒をつなぎ，学びを成立させるための道具として，免疫に関わる細胞等を色画用紙で作りました。色画用紙を動かすことで，グループで複雑な獲得免疫のしくみを理解することにしました。

3 授業デザイン

時間	生徒の学習活動	教師の指導・支援
5分	1 前回学んだ「生体防除の3段階」についてペアで確認する。（2人ペア）	・本時の目標を説明する。 ・プリントを配布し，生体防除の3段階を確認する。 ・獲得免疫には体液免疫と適応免疫があることとそれぞれの特徴を概説をする。
10分	2 獲得免疫の概説を聞く。 問題1を考える。	・生徒の状況を観察する。できない生徒にはヒントを与える。
	問題1　抗原抗体反応の結果，抗原の毒性はどうなるか，抗原はこの後どうなるのか。	
15分	3 体液性免疫の説明を聞く。（4人グループ）	・次にマグネットで作った免疫細胞，抗原，抗体等を使い，黒板で体液免疫のしくみの説明をする。 ・4人グループになるように指示する。 ・色画用紙で作った免疫細胞を配る。
	課題1　体液免疫のしくみを他のメンバーに説明する。	
		・グループの様子を観察し，つながるきっかけを作り学び合いを促進する。質問を受ける。 ・適宜，質問をする。
5分	4 1グループが前に出て全生徒に対して説明する。（コの字　全体）	・1グループを指名して全体に説明させる。 ・机の配置をコの字にする。 ・他の生徒からの質問を促す。なければ質問する。
15分	5 ジャンプの課題を行う。（4人グループ）	・再び4人班になり，問題を考えさせる。
	問2　自然免疫と獲得免疫の違いの一つに受容体がある。どのように違うのか説明しなさい。 問3　抗体とはどのような働きをするのか説明しなさい。 問4　体液性免疫とは何か説明しなさい。	
	6 わからないところは，班の中で聞く。	・生徒の状況を観察する。できない生徒にはヒントを与える。
	7 コの字に戻り，答えを説明する。	・答えを，口頭で述べさせる。黒板に書かせてもよい。 ・時間のない場合は，解答を次の時間に持ちこす。

4 授業展開例

　生徒たちは，前回までで，生体防除の二つの段階つまり，皮膚や上皮による防除と自然免疫について学んでいます。この授業では三つ目の段階，獲得免疫を学びます。獲得免疫には，体液性免疫と細胞性免疫があります。一緒に学ぶことも可能ですが，混乱をさせるために，本時では体液性免疫だけにしました。細胞性免疫でも同じような展開で学び合います。
　まず，プリントの問題を1人で行います。

問題　次の（　　）に適する用語を入れなさい。
生体防除の3段階
　　第1段階　異物の侵入を防ぐ……（皮膚，上皮による生体防除）
　　　↓
　　第2段階　体内に侵入してきた異物を何でも排除する……（自然免疫）
　　　↓
　　第3段階　自然免疫をすりぬけた異物と戦う……（獲得免疫）
　獲得免疫は，第2段階である（自然免疫）をすり抜けた異物を排除する仕組みで，一度感染したことを覚えていて，（特定）の異物を排除しようとする仕組みである。
　獲得免疫には，体液性免疫と細胞性免疫の二つのタイプがある。

　簡単な復習と本時の概略が含まれています。生徒には，すぐにできない場合には，隣の生徒に聞くか，前の時間に学んだプリントや教科書を参考にするように助言します。生徒に指名して，答えを入れた文章を読んでもらって確認します。
　次に獲得免疫の特徴，2回目名以降に同じ異物が侵入した場合は，すみやかに防御できること，つまり「一度かかれば二度なし」，獲得免疫には体液性免疫と細胞性免疫があり，その概略を話し，本時では，体液性免疫のしくみを全員が理解し，説明できることを目標とすると伝えます。できるだけ簡潔にあっさりと話すことが大切です。
　まず，抗原抗体反応について簡単に説明し，次の問題を考えるように言います。

問題1　抗原抗体反応の結果，抗原の毒性はどうなるか。抗原はこの後どうなるのか。

　生徒は抗原抗体反応の結果の結果，抗原が死滅するとか，無くなるとか答えます。
　自然免疫ではマクロファージや好中球などが食作用で異物を食べてしまうことを学んでいます。食作用が，獲得免疫でも働いていることを認識させます。免疫はさまざまな細胞が協力し合って働いています。免疫細胞の関係を理解することは難しく，教えるより生徒自身が発見す

る方が残ります。またこの理解がこれから体液性免疫のしくみを学ぶ上での布石になります。

生徒A 抗原抗体反応で抗原は抗体に捕まってしまう。
生徒B 捕まってしまえば，もう安心かな。
生徒A でも，抗原はその後どうなるの？
生徒B リンパ球にたまる？
教　師 免疫には，他にどんな細胞が働いていたかな？
生徒A 樹状細胞やマクロファージ。好中球もありました。
生徒B 抗原を食べるとか。ああ食作用か。

黒板で説明する

　本題の体液性免疫のしくみに入ります。プリントでは教科書（『高等学校　生物基礎』第一学習社，平成28年版）の図に加筆したものを載せ，図に流れに合うよう説明文を添えています。抗原に反応しないリンパ球（B細胞やT細胞）を書き加えています。反応する一つのリンパ球，この場合は抗原に合う抗体を作るB細胞を強調する意味もあります。問題2はこの点の確認です。プリントの説明に沿って，黒板上でマグネットシート（100円ショップで売っているもの）を動かします。リンパ球とそこに入るリンパ腺の輪郭を大きく，黒板の3分の1から半分を使って書きます。白色のチョークでよいと思います。以下のように色分けしたマグネットシートをその外側に貼ります。緑色のB細胞で反応する細胞には，裏に文字が書けるシートを用意して，「抗体産生細胞」と書きます。変わった場合に裏返しにします。

　樹状細胞：黄色，ヘルパーT細胞：赤色，B細胞（抗体産生細胞）：表，緑色，裏：黄色，
　マクロファージ：青色，好中球：青色，ヘルパーT細胞の受容体：赤色，抗体：白色

　色は5色しかなかったのでこのようにしましたが，もっとあれば細胞の種類ごとに異なる色にできます。活性化するB細胞は裏に抗体産生細胞と書いておきます。ここは両面文字が書けるマグネットシートを用意します。説明の後，質問を促します。質問が出ないのはわかっていない証拠でもあります。質問が出るクラスの方が，後で4人グループの理解が進みやすいようです。

　次に4人グループにします。5人より3人の方がよいようです。理想的には，男女2人ずつにして，市松模様に座る方が，班内の対話は自然と進みます。各班には，ビニール袋に先ほどのマグネットシートと同じように色画用紙で作りました。同じ色で作った方がよいです。A3用紙を黒板（リンパ節）に見立てました。その上で他の3人に説明します。リードが得意な生徒が1人（班長は決めません）で行い，他の3人が見ている場合があります。これでは「わかったつもり」になってしまう生徒が出ます。4人が全員，他の生徒に説明することを促します。

わからなくなったら仲間に聞くこと，班でわからなくなったら，手を挙げて先生を呼ぶことと，最初に言っておきます。うまく説明できなくてもつっかえてもよいのです。このプロセスから学びが生まれます。

4人グループでの学び合い

生徒A ヘルパーT細胞の中で樹状細胞の抗原提示にやってくるのは1個。
生徒B じゃあ，他のヘルパーT細胞は？
生徒A ここでは待機，お休み。
生徒C これは抗体を作るB細胞でも同じ。
生徒D だから特有な抗体を作ることになるのか。

　生徒たちの学び合いの様子をよく観察します。手を挙げた生徒にはそれぞれ対応します。進み具合が悪く，思考が止まってしまっているような班にはこちらから近づき質問してみます。生徒Bのような質問は教師がしてもよいでしょう。少し間教師が入るだけで学びは進んでいきます。班からそっと離れることも大切です。4人が同じものを見て手を動かして考えるのは学習効果が上がります。無事に全員が終えた班では，小さな拍手が起こることもあります。じっくり思考する教室は決して騒がしくなりません。

　だいたいの班が終わるのを待って，一つの班に前に来て全員に向かって説明してもらいます。机は「コの字」にして互いの顔が見えるようにします。4人が分担するように言うと，生徒たちは考えて，マグネットを動かす，説明をする，前半，後半に分けるなど工夫をして説明をします。最初は理解していなかった生徒がいたり，おとなしい生徒がいる班がよいです。前でしっかりと説明することで自尊心が芽生えたり，みんなにも認められます。学び合いの効果を実感できる場面です。他の生徒から質問や意見が出たり，自然と拍手が起こることもあります。

　この後，班に戻して記述式の問題を4人班で考えます。ただ，早く終わった班は指示しなくても問題をやっていることが多いです。

問2 自然免疫と獲得免疫の違いの一つに受容体がある。どう違うのか説明しなさい。
問3 抗体とはどのような働きをするのか説明しなさい。
問4 体液性免疫とは何か説明しなさい。

　生徒の様子を見て，学び合いが進みにくい場合，ヒントとして，使う用語，例えば「特異的」「抗原」「抗体」を黒板にそっと書いておくのもよいです。

（川北　裕之）

5 資料やワークシート

獲得免疫

( )年（ ）組（ ）番　氏名（ 　　　　　）

問題　次の（　）に適する用語を入れなさい。

生体防御の3段階
- 第1段階　異物の侵入を防ぐ……（皮膚、上皮による生体防御）
- 第2段階　体内に侵入してきた異物を何でも戦う……（自然免疫）
- 第3段階　自然免疫をすりぬけた異物と戦う……（獲得免疫）

獲得免疫には、第2段階である（自然免疫）をすり抜けようとする異物を排除しようとする仕組みであり、一度感染したことを覚えていて、（特定）の異物を排除する仕組みがある。獲得免疫には、体液性免疫と細胞性免疫の二つのタイプがある。

1 体液性免疫

体液中で抗原に対する抗体を作る獲得免疫を体液性免疫という。一度の抗原に対する抗体ができると、二度目に感染した際に短時間で効率的に排除することができる。

- 抗原……体内に侵入した異物
- 抗体……（　　）細胞からつくられ、（抗原　）（特異）的に結合し、タンパク質であり、（免疫グロブリン　）と呼ばれる。
- 抗原と抗体が特異的（特定の相手としか結合しない）に結合させておく。これを（　　　）という。
- 抗原抗体複合体をつくる反応を（抗原抗体反応）という。

問1　抗原抗体反応の結果、抗原の毒性はどうなるか。抗原はこの後どうなるのか。

[教科書から複合体の図を示した]

・体液性免疫のしくみ

次図（教科書の図を修正した図）を参考にして、体液性免疫のしくみをみていこう。（　　）

a 樹状細胞（黄色）は全身の組織に広く分布している細胞である。樹状細胞は食作用で抗原を体内に取り込んだ異物を抗原として認識する。樹状細胞は食作用で抗原をやっつけるが、一部はリンパ節に移動する。その際に食べた抗原の成分を、樹状細胞の表面にあるタンパク質に結合させておく。これを（　　　）という。

b 一方、B細胞（緑色）は何種類に異なる受容体を持つが、その中で今回体内に入り込んだ抗原を認識するB細胞は、細胞表面に抗原の成分を結合させる（ほかの受容体を持つB細胞は待機する）。c T細胞（赤色）のヘルパーT細胞（赤色）の表面には細胞毎に異なる受容体を持つ。a の樹状細胞の抗原提示した物質とつくる受容体だけが活性化してヘルパーT細胞と受容体を持つへルパーT細胞は待機する（他の受容体を持つへルパーT細胞は待機する）。このびったり合うへルパーT細胞と、b の同じ抗原成分を表面に持つB細胞とびったり合う。ヘルパーT細胞は名ヘルパーの通り、

びったりとあったB細胞を活性化する。
d 活性化されたB細胞は、増殖し多量の（　　）を放出する。この状態の細胞を抗体産生細胞（緑色）という。
e 抗体は抗原の（　　）的に結合して抗原抗体複合体をつくり、マクロファージ（青色）好中球の（　　）作用によって排除される。抗体産生細胞は（　　）を作り続けるが数ヶ月で消滅する。
f 一方、このヘルパーT細胞活性化されたB細胞の一部での、ヘルパーT細胞由来の一部、抗原の情報を記憶した（免疫記憶）という。細胞（ヘルパーT細胞由来は緑色、抗体産生細胞由来は緑色）は体内に残る。同じ抗原が侵入した場合、直ちに増殖して抗体産生細胞になり、同じ抗原に対する抗体を大量に作る。

[教科書の「体液性免疫のしくみ」の図を改変して示した]

※ 班で他のメンバーに本液性免疫のしくみを説明する。必ず全員行うこと。

問2　自然免疫と獲得免疫の違いの一つに受容体がある。どう違うのか説明しなさい。

問3　抗体とはどのような働きをするのか説明しなさい。

問4　体液性免疫とは何か説明しなさい。

生物基礎　　　気候とバイオーム

樹木の特徴と気候を結びつけて理解しよう

	体験する	発見する	活用・試行する	関連づける	表現する	かかわり合う	ふり返る
子供たちが見通しを持って粘り強く取り組み、自らの学習活動を振り返って次につなげる、主体的な学び					●		
他者との協働や外界との相互作用を通して、自らの考えを広げ深める、対話的な学び						●	
習得・活用・探究という学習プロセスの中での、問題発見・解決を念頭に置いた深い学び				●			

1 授業のねらい

> 樹木の特徴と気候を、自分で考えて結びつけられるようにする。

2 授業づくりのポイント

　気候の類似した地域では、類似した占有植物がみられることが多いですが、そのイメージを持った生徒はあまりいませんでした。またこの単元では、多くの樹木の名前が一気に登場し、苦手意識を持ってしまう生徒も多いはずです。そこで、始めは教科書や資料集等は使わず、樹木の特徴といくつかの地域の気候をばらばらに示し、4人グループで考えて結びつけることによって、樹木名→暗記→苦手というイメージをある程度無くすことを図りました。

3 授業デザイン

時間	生徒の学習活動	教師の指導・支援
10分	1 課題1の問題文を読み，考える。（4人グループ）	・樹木には，常緑樹と落葉樹があることを説明する。問題を考えることで，樹木の特徴と気候は関係していることに気付かせる。
	課題1　プリントの問題 　　　　常緑になるか落葉になるかの問題。	
5分	2 答え合わせを行う。	・校庭の常緑樹の葉を見せ，葉の特徴を全員で確認する。
5分	3 プリントの穴埋めを行う。（個人）	・「バイオーム」と「優占種」の言葉の説明を行う。
20分	4 課題2を考える。答えはホワイトボードに記入し黒板に貼る。（4人グループ）	・課題2で登場する植物の写真を黒板に貼り，植物のイメージができるようにする。また，気候ダイヤグラムの見方を説明する。気温のグラフを赤で，降水量のグラフを青でなぞらせる。
	課題2　「スダジイ，サボテン，ブナ，エゾマツ，アダン，チーク」は次の地図上のア～カのうちどこの優占種か。（地図省略） ヒント1　それぞれの植物の特徴（省略） ヒント2　気候ダイヤグラム（省略）	
5分	5 答え合わせを行う。（全体）	・いくつかの班に，地域ごとに優占種の樹木を選んだ理由を聞きながら，答え合わせを行う。
5分	教科書を読む。	・バイオームの種類を紹介し，それぞれの気候に合った植生が構成されているということを説明し，まとめとする。

4 授業展開例

本授業では，それぞれの気候に合った植生が構成されているということを，生徒に考えさせることによって理解を深めます。

課題1　常緑になるか落葉になるか

問1．樹木は葉で光合成を行い，有機物を合成する。樹木が常緑・落葉のいずれの葉をつけるかは，生育する場所の環境条件などに影響される。一般に，低温や乾燥は葉の細胞を傷つけやすいので，樹木は落葉することによって低温乾燥による損傷を回避するか，それとも低温乾燥条件におかれても耐えられるような丈夫な葉をつくるか，どちらかを選ぶことになる。
　熱帯多雨林のように年間を通して樹木の生育に適した条件に恵まれている地域では，年中葉をつける常緑樹が分布する。一方，日本の東北地方のように冬季に寒冷な気候におかれる地域では，＿＿＿＿＿＿＿＿＿落葉樹がみられる。

　ア．厚くて丈夫な葉の　　　イ．薄くて丈夫でない葉の

問2．ところが，さらに北方や高山地域のように，光合成ができる温暖な期間が非常に短い地域，あるいは，やせた土壌の地域では，常緑樹が占めるようになる。なぜ常緑樹が多いのか？

生徒A　落葉樹って葉っぱが落ちるやつだよね。サクラとかがそうでしょ。
生徒B　サクラの葉って薄いのかな。
生徒A　じゃあ，イかな。

　問1は，ほとんどのグループが正解していました。身近な落葉樹や落ち葉を思い浮かべながら考えた生徒が多くいました。問2は，問1が早く終わってしまうグループのために，おまけで用意した問題でした。二つくらいのグループで，答えを出せていました。これらの課題によって，樹木の特徴と気候が関係しているということに，多くの生徒が気付いたと思います。次に，「バイオーム」と「優占種」について，簡単に説明をし，生徒に穴埋めを行わせました。

課題2 「スダジイ，サボテン，ブナ，エゾマツ，アダン，チーク」は，次のア～カのうちどこの優占種か？

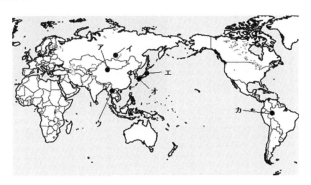

ヒント1
スダジイ……葉は厚く常緑樹。秋には，どんぐりが熟す。
サボテン……茎や葉が厚く，乾燥に強い。
ブナ…………落葉樹で，光合成できない寒い時期に葉を落とす。
エゾマツ……常緑樹で，大きいもので樹高40mにもなる。乾燥や低温に強い。
アダン………常緑樹で，パイナップルに似た果実をつける。
チーク………落葉樹で，光合成できない乾期に葉を落とす。

ヒント2
ア～カの気候ダイヤグラムは，以下のようになる。（p：降水量，t：気温）

```
*ア～カまでの気候ダイヤグラムを資料集から引用して示した
```

生徒A ブナってロシア？　どこかでやらなかったっけ？
生徒B チークは写真から，寒いところかな？
生徒A アダンはアマゾンとかじゃない？

始めは，名前と場所だけでヒントを使わずになんとなく考えていた生徒が多かったです。5分程度経ったところで，気候ダイヤグラムによって，目盛りの数値が違うことを示しました。例えば，チウチュワン（中国）の降水量の目盛りは60㎜が最大となっているのに対して，チェンマイ（タイ）やベンジャミン・コンスタン（ブラジル）は300㎜が最大となっていることを示しました。

学び合う様子

生徒A　日本にはサボテンはないよ。
生徒B　乾燥に強いってことは雨が降ってないってこと？　じゃあアかな？
生徒C　アは降水量が少ないよ。
生徒A　光合成ができないってどういうこと？　寒くてもできるよね？
生徒C　寒くない時期があるってことかな？
生徒B　エかオかな。
生徒A　山形ってどこにあるの？
生徒B　東北だよ！
生徒A　東北って寒いの？
生徒B　東北は寒かったよ。
生徒A　じゃあエでいいや。

　全てのグループが答えをホワイトボードに記入し，黒板に貼りました。いくつかのグループに，それぞれ選んだ理由を尋ね，答え合わせをしました。最後に，教科書の世界のバイオームの箇所を個人で読み，授業のまとめとしました。

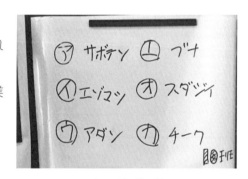

ホワイトボード

（諏訪部　悠花）

5 資料やワークシート

気候とバイオーム

樹木は葉で光合成を行い、有機物を合成する。樹木が常緑・落葉のいずれの葉をつけるかは、生育する場所の環境条件などに影響される。一般に、低温や乾燥は葉の細胞を傷つけやすいので、樹木は落葉することによって低温乾燥による損傷を回避する。それとも、低温乾燥条件におかれても耐えられるような丈夫な葉をつくるか、どちらかを選ぶことになる。

熱帯多雨林のように年間を通して生育に適した条件に恵まれている地域では、年中葉をつける常緑樹が分布する。一方、日本の東北地方のように冬季に寒冷な気候におかれる地域では、落葉樹がみられる。

問1 樹木は葉で光合成を行い、……（略）……
ア．厚くて丈夫な葉の
イ．薄くて丈夫でない葉の

●バイオームって…？
Biomeは、Bio(生物)の-ome(全体)の合成語である。地球環境は無限のものと考えられる時代はとっくに終わってしまった。多様な生物が存在するための基盤である植物が、地球全体の陸上にどのように分布しているかを理解することは非常に重要である。

問2. ところが、さらに北方や高山地域のように、光合成ができる温暖な期間が非常に短い地域、あるいは、やせた土壌の地域では、常緑樹が分布するようになる。なぜ常緑樹が多いのか？

●気候に適したバイオーム
地球規模の気候は、年平均気温と年降水量で表される。年平均気温は、赤道から両極に向かって低下する。また地軸が傾いていることにより、季節が生まれる。さらに、偏西風などの大気循環や、海流によって気温と降水量は変化する。
植物の生育には、最低5℃程度必要であり、森林が成立するには年降水量が1000mm程度必要である。しかし、乾燥や寒さに強い植物の種類もあるのでこの限りではない。

植生を構成する植物のうち量的な割合が高い種を＿＿＿＿＿＿という。優占種は、その生活環境で生存・繁殖する上で有利な特性をもつ。また、森林や草原などの外から見てわかる植生のようすを＿＿＿＿＿＿という。

課題「スダジイ、サボテン、ブナ、エゾマツ、アダン、チーク」は、次のア～カのうちどこの優占種か？

ヒント1
スダジイ……葉は厚く常緑樹。秋には、どんぐりが熟す。
サボテン……茎や葉の厚く、乾燥に強い。
ブナ……落葉樹で、光合成できない寒い時期に葉を落とす。
エゾマツ……常緑樹で、大きいもので樹高40mにもなる。乾燥や低温に強い。
アダン……常緑樹で、パイナップルに似た果実をつける。
チーク……落葉樹で、光合成できない乾期に葉を落とす。

ヒント2
ア～カの気候ダイアグラムを以下のようになる。(p：降水量、t：気温)

＊ア～カまでの気候ダイアグラムを資料集から引用して示した

地学基礎　　　　　　　　　　宇宙のすがた

「宇宙の果て」を探そう

	体験する	発見する	活用・試行する	関連づける	表現する	かかわり合う	ふり返る
子供たちが見通しを持って粘り強く取り組み，自らの学習活動を振り返って次につなげる，主体的な学び					○		○
他者との協働や外界との相互作用を通じて，自らの考えを広げ深める，対話的な学び		○				○	
習得・活用・探究という学習プロセスの中での，問題発見・解決を念頭に置いた深い学び				○	○		

1 授業のねらい

> 光が地球に届くまでには時間がかかり，私たちは過去の光を見ていることを理解させる。

2 授業づくりのポイント

　宇宙の過去は遠くの宇宙を調べればわかる。教科書にもあるような説明ですが，この内容を解説なしに理解できる人は少ないでしょう。日常では光は一瞬で届くため，光が届くまでに時間差が生じる宇宙のスケール感に，生徒は戸惑いを覚え，不思議に感じます。夜空の星たちが，それぞれ時間の異なる過去の光であることにロマンを感じる生徒もいます。

　今回の課題はこの気付きをさらに深めるためのものです。私たちが遠くを見続けて果てに辿り着いた時，その宇宙の果てはどこにあって，何を意味するのか。その謎に生徒達は他者と協力しながら挑みます。今存在する宇宙と私たちに見えている宇宙の姿の違いに気付いた時，今までのものの見方が大きく揺さぶられるような興奮が起こるのでは？　と期待しました。

授業では，生徒が課題2を通して課題1の気付きを深められるようにデザインしました。課題2は課題1の視点を宇宙全体へと広げたもので，解くためには課題1での気付き（授業のねらい部分）を使いこなす必要があります。そのため課題2を解く中で，生徒は宇宙への認識を広げていくとともに，課題1の気付きをより深めていくことになります。

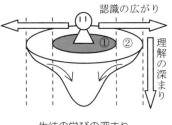

生徒の学びの深まり

3 授業デザイン

時間	生徒の学習活動	教師の指導・支援
3分	1 返却された前回の授業プリントを読む。（個人） 2 新しい授業プリントの「深く考えること」を読む。（個人）	・前回の授業（ビッグバンについて）のふり返りと今回の授業の見通し立てを各自に行わせるため，教師は必要以上に話さない。
	課題1 なぜ遠くの星や宇宙を見ると過去の宇宙の様子がわかるのか，その理由を説明してください。	
20分	3 教科書を読み，課題1について自分の納得解をつくる。わからない場合は，必要に応じて周りの生徒に聞く。（グループ）	・生徒が集中して取り組んでいる時は，教師は話しかけない。 ・困っている生徒がいた場合は，どこで困っているかを聞き，他の生徒に意見を求める。 ・生徒の対話内容を聞き，ホワイトボードがあった方が対話が深まると判断した場合は，配付する。 ・半分以上のグループが行き詰っていたら，グループから全体に切り替える。生徒の苦戦しているところを聞いて，他の生徒に意見を求める。 ・教師から，答えを示すことは極力控える。（課題2も同じ）
	課題2 私たちに見えている宇宙の果ての場所を，理由とともに宇宙図に示してください。	
24分	4 渡された資料（宇宙図の見方）を読み，課題2について自分の納得解を作る。わからない場合は，必要に応じて周りの生徒に聞く。（グループ）	・意見を共有しやすいように，A3に大きく印刷した宇宙図をグループに1枚配付する。 ・クラス全体で行き詰ってしまった時のために，ヒントとなる追加資料を用意しておき，必要に応じて配付する。
3分	5 授業をふり返り，学んだこと等を記入する。（個人）	・個人の学びを深めさせるため，教師によるまとめは行わずに，各自にふり返りを記述させる。

4 授業展開例

> **課題1** なぜ遠くの星や宇宙を見ると過去の宇宙の様子がわかるのか，その理由を説明してください。

「知識は，生徒の頭の中で構成されて，作り直されながら獲得される」そんな場面が，実際の授業では見られました。その様子を授業展開と共に紹介します。

課題に入ると，生徒達は教科書を読みヒントを探し始めました。読み込むうちに解答を書き込む生徒もいますが，手が止まっている生徒もいました。解答を書いた生徒も納得していない様子だったので，一度手を止めてもらい，全体でわからない所を共有することにしました。

教　師　どこで苦戦している？
生徒A　教科書のどこが大事かわからない。
教　師　そっか……。どこが大事なんだろう？
生徒B　「遠くの天体が放った光は地球に届くまでに，その距離に応じた時間がかかっている」だと思う。ただ，書いてみてなんだけど，この文章がわからない。
教　師　その文章と，課題の「遠くの星や宇宙を見ると，過去の宇宙の様子がわかる」のつながりがわからないってことかな？（生徒Bがうなずく）じゃあ，そこをグループで考えてみようか。

生徒Bは既に教科書から答えを見つけていますが，自分のものになっていません。それがわからなさに表れていました。この生徒Bの意見をきっかけに，グループで意見が交わされます。しかし，生徒たちはなかなかスッキリしない様子。ザワザワしていく教室の中で，生徒Cが「図がほしい」と言って，ホワイトボードにこれまでの生徒の意見をまとめ始めます。生徒Cが説明を始めると，生徒の視線が自然とホワイトボードに集まり，ザワザワしていた授業の空気がスッと静かになりました。納得を求めて考えた経験が，彼らを生徒Cの説明へと集中させてくれていたように感じます。

生徒C　……（図の説明をする）
生徒A　よっしゃ，わかった！（思わず声が出る）
　　　　　周りの生徒が生徒Aの言葉に少し驚いた様子。
教　師　どうわかったか，説明してもらってもいい？
生徒A　ええっと，うまく言葉にならないんすけど，……（光が地

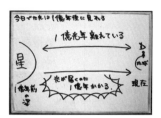

生徒Cの書いたホワイトボード

球に届くのに時間がかかるから，地球に届く頃には過去の光になっているという趣旨のことを少しずつ言葉にする）

　他の生徒も生徒Aの発言に納得している様子だったので，自分の理解を文章にする時間を取って，この課題を終えました。「宇宙だとこんなに時差が大きくなるんだ～。過去の光を今見ているってなんだか不思議。」生徒達は，日常的な世界と宇宙とのスケール感の違いに驚いているようでした。

　生徒Aの学びとして捉え直すと，この課題は自力では解けないものです。しかし，生徒Bの言葉を思考のヒントにグループで理解を深め，生徒Cの説明によって頭の中がスッキリして思わず声を上げます。最後にたどたどしく自分の理解を言葉にしていく姿は，納得できなかった知識が，今この生徒Aの中で再構築されている瞬間だと感じ，嬉しくなりました。

> **課題2**　私たちに見えている宇宙の果ての場所を，理由と共に宇宙図に示してください。

　「他者との協働や外界との相互作用を通じて自らの考えを広げ深める」を意識して，この課題を作成しました。その様子を授業展開とともに紹介します。

生　徒　（果ては）どこ？
生　徒　ここじゃね？　わかんないけど……。

　生徒は配付された宇宙図の説明を読んだ後，宇宙図の前でペンを迷わせます。表面的な生徒の会話からは戸惑っている様子が感じられました。そこで，グループを早く切り上げて，全体でその戸惑いを共有することにしました。生徒の意見は三つに分かれました。

①宇宙は今後も広がっていくので，果ては存在しない。
②現在の宇宙を横に見ていくと，やがて端にぶつかる。
　現在の宇宙の縁が宇宙の果てになる。
③遠くを見ていくと過去に行くのだから，宇宙の始まりが宇宙の
　果てだと思う。

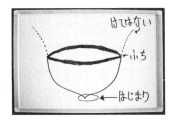

生徒の意見のまとめ

　わからない所を聞くと「宇宙の果てがわからない」と生徒Dが話してくれました。果ての場所を探そうにも，果てのイメージがわかず，どう考えたらいいかわからない……。意見は三つ出ていたものの，その戸惑いが多くの生徒の思考を妨げているように感じました。そこで，宇宙の果ての場所は教師が示し，なぜそこが宇宙の果てになるかを

考えてもらうことにしました。そうすることで、「宇宙の果ては何か」から「自分達はどう宇宙を見ていて、見えている宇宙はどんな姿をしているのか」に思考の焦点が当たっていくと考えたからです。

教　師　私たちに見えている宇宙の果てはここです（③の宇宙の始まり部分を示す）
生　徒　え⁉　そこ⁉

　予想外の場所だったのか、多くの生徒が慌てて宇宙図の説明をまた読み始めます。先ほど③と答えた生徒に相談する生徒もいますが、③と答えた生徒もその理解を言葉に表わすのに苦戦しているようでした。そこで、生徒に「宇宙の果てはどうなっているの？」という国立天文台のＱ＆Ａを追加資料として配付しました。生徒たちは追加資料を読み、わからない所は相談しながら、自分たちに見えている宇宙の本当の姿とその理由に気付き始めます。わからない所が減ると「（理解を）うまく言葉にできない」と苦戦を口にする生徒が増えてきました。そこで、数人の生徒に意見を紹介してもらいました。その意見を参考に、各自が自分の理解を文章にした後、ふり返りを行なっているところで、授業は終わりになりました。
　「え⁉　そこ⁉」と声を上げた生徒にとって、今存在する宇宙と私たちに見えている宇宙の姿に認識のズレは最初ありませんでした。しかし、課題①での気付きを用いて宇宙図を見直す中で、少しずつズレに気付いていきます。ふり返りで生徒が書いた「今存在する宇宙を私たちは見ることはできない」という発見は、それまでの自らの認識の枠を飛び越えて、私たちが認識しているものだけが世界のすべてではないと気付いた証だと考えています。

生徒の解答
・宇宙の果てを見ようとすると、どんどん古い宇宙になるので、宇宙は137億年前にできたので、どんなに遠くを見ても137億年前までしか見られない。137億年前というのはビッグバンなので宇宙の始まりが宇宙の果てになる。
・地球に光が届くまでに距離があるだけ時間がかかることをふまえると、地球から見える遠くの天体はもう昔の光である。そのことから、宇宙の最果て＝始まりを見ることだと考えられる。（現在進行形の宇宙は見ることができない）
・遠くを見ることは過去を見ること。140億年以上前は見えない。つまり限界、果てになる。

　プリントの記述には、課題２が白紙の生徒もいました。しかし、授業では自分の理解を必死に文章にしようとする姿が見てとれました。課題２は解けずとも、その過程で今回のねらいである「私達が過去の光を見ていることへの理解」が、確実に深まったと実感しています。

【参考】 国立天文台HP：宇宙図2013

（岩佐　倫希）

5 資料やワークシート

地学基礎⑥ ビッグバンと宇宙の進化

宇宙図～私たちの見ている宇宙～ p4～7

名前

宇宙の誕生は一つの点だった。宇宙はどんどん広がっていって、最終的には物質はバラバラになってしまうかもしれない。宇宙の歴史はそんな想像もできないことの連続です。では、私達はどうやって、宇宙の歴史を調べることが出来たのでしょうか？宇宙の歴史の調べ方が分かってくると、今私たちが見ている宇宙の本当の姿が分かってくると思います。お楽しみに。

○深く考えること
①宇宙の歴史はどうやって調べるの？（課題①）
②私たちが見ている宇宙の果てはどこにあるんだろう？？（課題②）

課題①
宇宙の過去の様子はどうやってわかってきたのでしょうか。それは、地球からとても遠い星や宇宙を望遠鏡で見ることで実は簡単に分かります。なぜ遠い星や宇宙を見ると、宇宙の過去の様子が分かるのでしょうか？その理由を、教科書 p7 を参考に答えてください。

課題②
ニュースで「宇宙の果てに近い、たいへん遠いところに天体が見つかった」という言葉がでてきます。この私たちから見えている宇宙の果てってどこをさすのでしょうか？下の図はビッグバン以降の宇宙の広がりを表した宇宙図です。宇宙図の見方を参考に、下の図の宇宙の果てに印を付けてください。そして、そう考えた理由も書いてみてください。

＊国立天文台 HP からビッグバン以降の
宇宙の広がりを表した宇宙図を示した。

考えた理由

学んだこと・気付いたこと

もっと知りたいと感じたこと・疑問に感じたこと

地学基礎　　　　　　　　　　火山活動と地震

火成岩を判別できるようにしよう

	体験する	発見する	活用・試行する	関連づける	表現する	かかわり合う	ふり返る
子供たちが見通しを持って粘り強く取り組み，自らの学習活動を振り返って次につなげる，主体的な学び					○		
他者との協働や外界との相互作用を通じて，自らの考えを広げ深める，対話的な学び		○					
習得・活用・探究という学習プロセスの中での，問題発見・解決を念頭に置いた深い学び	○						

1 授業のねらい

火成岩をよく観察し，その種類を判別できるようにする。

2 授業づくりのポイント

　地学の中でも，とりわけ「岩石」については，紙面のみでの学習では特に興味を持ちにくい分野かと思います。とにかく，実物と対面し，じっくり観察させ，少しでも興味を持って取り組んでもらいたいと考え，授業づくりをしました。2014年9月27日に，長野県の御嶽山が噴火し，多くの人が犠牲になったことを生徒たちは覚えています。火山と我々の生活とが密接に関わっていることに気付き，関心を持ってもらうことがこの単元でのねらいです。

3 授業デザイン

時間	生徒の学習活動	教師の指導・支援
10分	1　プリント配布 「火成岩」について，学習内容の復習をする。	・前時の学習内容のため，各自でプリントの穴埋めをして復習させる。 ・指名し，解答させる。
20分	2　課題1 　　4種類の火成岩を判別し，火成岩シートの上におく。 　　（4人グループ） 　　正解かどうかを教師にたずね，あっていればスケッチに移る。違っていれば再度考える。	・「火成岩シート」と「火成岩（4種）」を配布。 ・シートに置かれた火成岩が正解かどうかを判断する。 ※6種あればなおよい。
	課題1　火成岩の判別 　　グループごとに配布された4種類の火成岩を，教科書の記述を手がかりに判別する。 ※配布される火成岩の種類はランダム。 ※正解ならば次の課題にうつる。	
20分	3　課題2 　　火成岩をよく観察する。	・色鉛筆とルーペを配布する。 ・「深成岩」と「火山岩」の粒の大きさの違いに気付けているか確認する。 ・色の違いに気付けているか。 　（ただし教科書どおりにはいかない）
	課題2　火成岩のスケッチ 　　4種類の火成岩を，色鉛筆を使用してスケッチする。 ※粒の色や形に留意する。 ※全てを描く必要はなく，一部分を拡大してスケッチする。	

4 授業展開例

【単 元 名】 3編　わたしたちの地球
　　　　　　　3章　火山
　　　　　　　　　　火成岩の観察
【使用教科書】『地学基礎』　東京書籍

　「火山」の学習を行っていく中で，マグマが冷えて固まった岩石「火成岩」についての単元があります。岩石は，鉱物（造岩鉱物）が集まってできたものであり，その体積比によって6種類の火成岩が形成されることを教科書で学びました。

　しかし実際には，色や粒の大きさは様々で，単純に分類することはとても難しいことがわかります。まずは実際に火成岩を手に取って観察し，教科書どおり分類できるかどうかを実践してみます。

火成岩

火山岩［細粒］	玄武岩	安山岩	流紋岩
深成岩［粗粒］	はんれい岩	閃緑岩	花こう岩
有色鉱物の体積比	70　　　　40　　　　20　　　　（％）		

大まかな特徴

玄武岩………色が濃く，細かな粒が集まってできている。結晶が混ざって見える。
安山岩………色は様々で，単独での判別は非常に困難。
流紋岩………白っぽい色をしている。細かな粒が集まっている。
はんれい岩…黒っぽく，粗い粒が集まってできている。かんらん石により緑色のものもある。
閃緑岩………緑の字が使われているが，緑色をしていない。花こう岩より色が濃い。
花こう岩……石英や長石により白っぽい色をしており，その中に黒雲母の粒が散らばって存在しているのが目視で確認できる。最も判別は容易。

　授業を行うにあたって，岩石試料がないと話になりません。学校内の棚を探し回り，昭和39年に購入された「火成岩」のサンプルを見つけました。しかし，火成岩は単純に6種類で構成されているわけではなく，さらに細分化されていることがわかりました。そこで，まずは発見された火成岩が上記6種類のどれにあたるのかをインターネットを使って調べ，分類しました。

試料の分類

1	両雲母花崗岩	花こう岩
2	黒雲母花崗岩	花こう岩
3	石英閃緑岩	閃緑岩
4	閃緑岩	閃緑岩
5	文象花崗岩	花こう岩
6	蛇紋岩	はんれい岩
7	橄欖岩（ダナイド）	はんれい岩
8	石英斑岩	流紋岩（半深成岩）
9	輝石玢岩	
10	粗面安山岩	安山岩
11	石英安山岩	安山岩
12	角閃安山岩	安山岩
13	普通輝石安山岩	安山岩
14	溶岩	
15	浮岩	

※9，14，15は判別が不可であった。

岩石試料の写真

　6種の岩石の数がまちまちだったため，セットを作るのは一苦労でしたが，岩石4種セットを6グループ分用意し，授業を迎えました。

　授業では，実習担当の先生にも解答を渡して，解答役を手伝っていただきました。実験室の4人机でグループを作り，各グループに岩石4種セットの試料を渡して岩石シートに乗せます。教科書の写真の色だけで判別すると，間違えます。教科書の文章をよく読み，特徴をつかませます。解答は，正解している岩石の数だけしかヒントとして与えません。四つすべて正解したグループは，次の段階に移れます。

生徒A　ぜんぜんわからないよ。
生徒B　この石はこの（教科書を差して）石と似ている。
生徒C　花こう岩は粗粒の鉱物が集まっているって書いてあるし，黒いのは黒雲母かな？
生徒A　ああ，そうか。そしたらそれより濃い色のは，はんれい岩じゃないか？

　正解したグループから，岩石をスケッチします。とにかく目の前にある火成岩をよく見て，特徴を捉えることを目的として行います。生徒たちは，言葉はほとんど発していませんでした。普段はあまり学習が手につかない生徒も，周りの雰囲気を感じ取ってか自分なりのスケッチを描いていました。

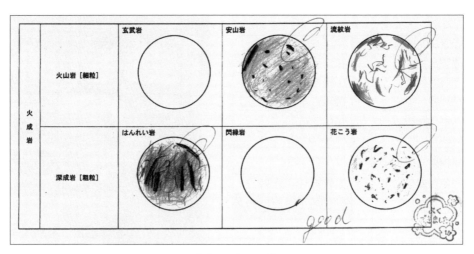

生徒のスケッチ①

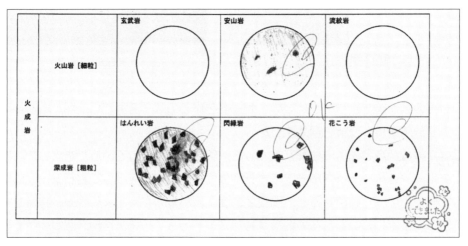

生徒のスケッチ②

5 評価について

　火成岩の判別は，グループごとセットがまちまちなため，一概に正解までの時間で評価することはできませんでした。授業に参加しているということがわかれば，それで十分かと思います。本校には様々な特性を持った生徒がいます。たとえグループ内で言葉を発しなくても，岩石をじっと見つめていれば，授業に参加していると判断します。

　プリントを提出させ，スケッチした図を確認しました。上手下手ということはありますが，一生懸命描いていることについてはどの生徒からも感じることができました。

（小関　篤）

6 資料やワークシート

(1) 岩石シート（B4）

```
3編　私たちの地球
3章　火山
```

玄武岩	安山岩	流紋岩
はんれい岩	閃緑岩	花こう岩

(2) 生徒用プリント（A4）

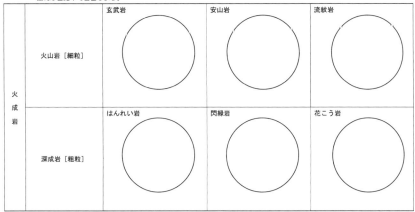

地学・生物　　　　　　　　　火山ほか

火山活動と生物の営みを関連づけて考察しよう（フィールドワーク）

	体験する	発見する	活用・試行する	関連づける	表現する	かかわり合う	ふり返る
子供たちが見通しを持って粘り強く取り組み，自らの学習活動を振り返って次につなげる，主体的な学び	●		●				
他者との協働や外界との相互作用を通じて，自らの考えを広げ深める，対話的な学び		●				●	
習得・活用・探究という学習プロセスの中での，問題発見・解決を念頭に置いた深い学び	●		●	●			●

1 授業のねらい

地学分野と生物分野の連携による，総合的な自然の解析。生徒の主体的な学びの育成。

2 授業づくりのポイント

　富士山の火山活動によって，同じ標高で裸地から森林まで見られる富士山五合目を教材にしてフィールドワークを行います。アクティブ・ラーニングをより深めるために，事前学習による講義を行い，地学分野と生物分野の授業を行っています。地学分野は富士山の地形について説明したプリント冊子にて学習します。生物分野は生物基礎の「植生の遷移」について授業を行った後，フィールドワークを行います。

　グループワークはテーマ設定をして，話し合いがしやすいようにしてあります。生物分野で一つ，地学分野で一つという形で配置してあります。プリントによる報告と自分が最も興味関心を持った分野でのレポート提出で，自由に記述するようにしてあります。

3 授業デザイン

(1) 事前学習

1時限目　　　：富士山の環境についての講義。サブテキストとして自作のプリント冊子を用意する。

2時限目　　　：講義の内容とテキストを参考に，プリント冊子の用語の意味を書き出す。

3～4時限目：生物基礎分野「植生の遷移」を講義，特に富士山の環境にて生息している植物は重点的に取り上げる。

(2) 探求活動（フィールドワーク）

場所	生徒の学習活動	教師の指導・支援
柿田川	気温・気圧・標高の計測。 （計測は代表がマルチセンサーにて計測） 講義の内容を確認。 プリント記入。 バス移動中に植生の変化を観察。	・柿田川の地形について説明，富士山とつながっていることを確認する。
新 5合目	プリントに記入。 気温・気圧・標高の計測。 噴火の層を観察。有色鉱物と無色鉱物を認識する。	・観察上の注意。特に危険な行為や隊列で移動するときの留意点を説明。 ・駐車場の付近で人口に植林された場所，これから観察する場所の違いについて留意するように説明する。
双子山 （昼食）	気温・気圧・標高の計測。 グループごとに散策して，遷移とカラマツの形状について，話し合いながら，プリントに記入。	・グループワークの説明。遷移に注目して，裸地からの遷移をレポートに記入するように指示する。 ・カラマツの形状が異なることに注目させ，グループワークにて考察をさせる。
幕岩	気温・気圧・標高の計測。 グループごとに，溶岩の撮影等を行い，幕岩の形成について討議する。	・グループワークの説明。見学ポイントをそれぞれ説明して，各班にてグループワークを行う。 ・炭化木等について説明する。
幕岩～ 須山胎内	須山胎内で気温・気圧・標高の計測 プリントをまとめる。	・植物名等の確認をしながら，須山胎内まで下っていく。教科書で学習した内容を確認しながら，階層構造や，ブナ，ダケカンバを実際に観察する。 ・溶岩樹形を確認して，この森林にも溶岩が流れたことを確認する。

4 授業展開例

[柿田川]

富士山からの地下水となって出てくる場所で，1日10万トン以上の湧水があります。湧水をもたらす富士山の一面を知ってもらうためにここからスタートになっています。また，湧水の温度を実感することも目的にしています。書籍や映像は視覚と聴覚を使いますが，フィールドワークでは五感で感じることができるため，よい体験となります。

水温を体感中

生徒A　突然川が現れてびっくりしました。
生徒B　水のきれいさと水温の低さに感動しました。
生徒C　湧水の噴き出している場所には，生物がほとんどいない。先生，有機物がほとんど含まれていないためですか？

[富士山御殿場口新五合目]

御殿場口には無料駐車場があり，バスの移動が便利です。また，標高が最も低く，森林の形成が見られるのもよい点です。

新5合目から双子山に行く行程で岩石の観察を行います。有色鉱物と無色鉱物の確認を行いました。

噴火の境目を確認

生徒A　2層になっている溶岩見つけた。
生徒B　これがスコリアかな？
生徒C　スコリアって黒じゃなかったっけ。

[双子山]

裸地からの遷移が確認できる教材として，非常に重要なフィールドです。

右の写真に見られるように，手前からパイオニア植物によるパッチの形成→カラマツの侵入→森林の形成が一度に見られます。これは溶岩の流れた年代が新しければ裸地，古ければ森林になるため，裸地から森林が同じ標高で見られます。また，カラマツの形状が片側だけ枝がないこ

カラマツ

とをテーマにグループワークを行いました。雪崩による影響があるため，山の斜面でも高い側の枝が雪によって折られてしまうためこのような形状になります。この場所では遷移とカラマツの形状二つのテーマで，グループワークを行いました。

生徒A　先生，カラマツの形は風のせいですか？
教　師　風ならば方向を考えてみたらどうかな？
生徒B　風なら下から吹き上げてくるのか？
生徒A　何となく他の原因かな。

実際のレポートでは風と雪崩で分かれていました。風が原因ととらえる生徒は多くいました。

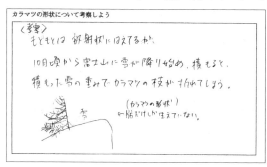 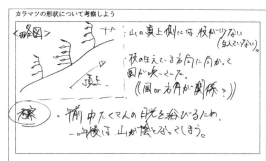

生徒A　パッチの中に，根が張って土壌ができている。
生徒B　パッチが大きくなるほど，土壌が厚いか調べてみよう。

下のレポートのスケッチにあるようにフジアザミの蕾は非常に大きいです。現物を見ながら特徴を捉えることができている生徒も多かったです。

遷移については実際に森林までが一望できる地形のため，ほとんどの生徒が実際の遷移の状況を絵にすることができていました。

[幕岩]

　谷状の構造になっており，溶岩が露出した地形になっています。

　溶岩の年代としては，森林になっている標高の高い部分が古い溶岩標高の低い部分が年代の新しい溶岩となっており，この場所を溶岩が何回も流れた地形になっています。また，雪解けの頃には雪解け水も流れるため，樹木も生息しにくい環境になっています。

　特徴的な地形のため，ここでもグループワークを行いました。

幕岩

生徒A　溶岩の形がちがうね。
生徒B　アア溶岩ってどんな形だったっけ？
生徒C　谷みたいになっていて植物が生えてないよ。
生徒D　川みたいだよね。雪解け水が通るのかな。
生徒C　溶岩もこの場所を流れやすいということか。

　教師があらかじめ，標高が高い溶岩が年代が古く標高が低い溶岩が年代が新しいことをあらかじめ説明してあり，その要因を考えさせています。川のような地形がヒントになって，地形の考察が各グループとも進みました。

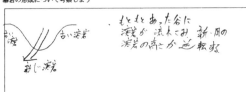

[幕岩〜須山胎内]（森林）

　森林の中を進みながら，森林の階層構造を理解するとともに，ここも昔溶岩が流れた地形であることを確認するため，溶岩樹形等の観察や須山胎内の溶岩洞窟の観察をおこないました。

須山胎内

5 授業前と授業後での生徒の考えの変化（生徒感想より）

・事前学習が非常に重要であることを知りました。あらかじめ知識を持っておくとその場所に行った時，考察が深められました。
・教室でイメージした状況と実際の状況が異なっていて驚きました。富士山は1回も訪れたことがなかったので，溶岩の様子など初めて見ることばかりでした。
・事前に調べた用語だけでは，わからない部分が多かったが，実際に溶岩に触れてみると写真だけでは違いがよくわからなかった物が区別できるようになりました。
・百聞は一見にしかず。教室で話を聞いていても実際に見てみないと頭に残りませんでした。仲間達と話しながら考え方を深めることができました。
・パホイホイ溶岩とアア溶岩の区別ができるようになりました。
・荒原が実際にどのような地形なのか，現地で確認することができました。

ほとんどの生徒が，実際に現地で観察することで，理解を深めていました。大きさや溶岩の形状など写真では判別しにくい部分も理解できていました。

6 自由レポート提出

最後に2週間の時間を与えて自由レポートを提出して終了しました。

テーマは自分の興味を持った内容で書いています。

先の頁に具体例を示しましたが，自由レポートはこの生徒は写真を使用せずスケッチや挿絵を用いて，溶岩樹形や炭化木をテーマにして記載したり，生物分野と地学分野それぞれ一つずつ選び記載をしていました。

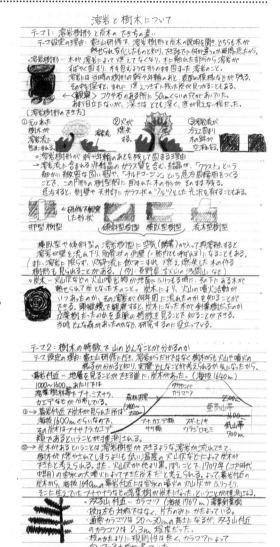

事前学習では教えていない内容が加わっており，自分なりに学習を深めている様子が見られました。

　別の生徒は，植物の生え方に注目して，動機，結果，考察，自分の撮った植物の写真を組み合わせて，論文の形式で記載しています。参考文献の記載も行っており，こちらの生徒も授業での学習内容を自分なりに深めて，記載をしています。生徒の能力も高いクラスなのであえて形式の提示はせず，その生徒の表現能力を探る形にしてあります。

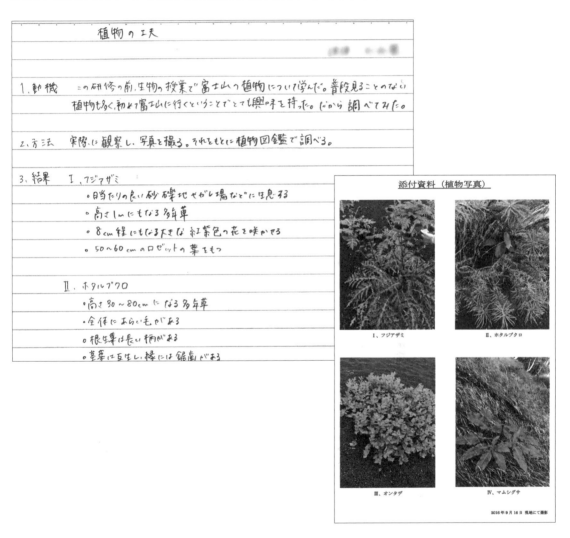

　1年後のオープンスクールにて，掲示による発表を行います。次の学年の子供たちはその発表から刺激を受け，フィールドワークへの意欲を高めます。

（渡邉　充司・山本　玄珠）

第 **3** 章

アクティブ・ラーニングを位置づけた高校理科の授業の評価

3

1 アクティブ・ラーニングの評価の意義
～学習指導要領改訂を踏まえて～

❶アクティブ・ラーニングの評価の必要性

　授業で，主体的・対話的で深い学び（アクティブ・ラーニング）が成立した時，生徒たちの理解も深まっていることがよくあります。「全国学力・学習状況調査」の小・中学校のデータでもその傾向は確かめられています。2016年の調査結果では「先生から示される課題や，学級やグループの中で，自分たちで立てた課題に対して，自ら考え，自分から取り組んでいたと思いますか」「自分の考えを発表する機会では，自分の考えがうまく伝わるよう，資料や文章，話の組み立てなどを工夫して発表していたと思いますか」の各問いに「当てはまる」と答えていた児童生徒はそうではない子供より平均正答率が高い傾向があったのです。アクティブ・ラーニングを行っていたと答えた学校の児童生徒の方がそうでない学校の子供たちよりも平均正答率が高い傾向も見られました。つまり，アクティブ・ラーニングには，客観テストで測れる学力も高める力があるといえるわけです。

❷授業の構成要素としての学習評価

　授業（学習）は，〔目標―内容－方法－評価〕によって構成されます。授業（学習）者は，目標を達成するために内容と方法を選択し，評価で目標がどう達成されたかを見ます。そのため，評価には目標との整合性が求められます。目標までの達成度を観点別に測る評価を**目標準拠型評価**といい，個々の学習状況の深まりが価値を持ちます。それに対して，集団の中での位置（順位）が価値を持つ評価を**集団準拠型評価**といいます。

　次期学習指導要領では，アクティブ・ラーニングの学習評価については，多様な目標準拠型評価を組み合わせることが推奨されています。

　目標準拠型評価の方が注目されてきた背景には，教えから学びへの転換という流れがありました。「ゆとり」か「詰め込み」かという議論を越えて，これからの社会において必要な『生きる力』の，より効果的な育成を模索するという方針が示されてきたのです。

2 目標と関連づけられた評価

❶理科で育てたい「資質・能力」と関連づけられた評価

　評価の観点は，目標はもちろんのこと，内容・方法とも関連づけられる必要があります。
　表1は次期学習指導要領の高等学校理科の基礎段階の学習目標を「学力の三要素」と対応させたものです。これらの目標にむけた学習状況をとらえる評価の観点を考えます。表1はすべての高校生に求められる理科の資質・能力ですが，さらに応用段階では論理的な思考力や創造性の育成等が，発展段階では新設教科の「理数科」を念頭においた主体的な探究能力の育成としての「課題研究」の充実等が示されています。

表1　事象を科学的に探究するために必要な資質・能力

学力の三要素	理科〈必修科目〉において，育成をめざす資質・能力
知識・技能	自然の事物・現象に対する概念や原理・法則の理解と科学的探究についての理解や，探究のために必要な観察・実験等の技能を養う。
思考力・判断力・表現力等	見通しを持って観察・実験などを行い，科学的に探究したり，科学的な根拠を基に表現したりする力を養う。
学びに向かう力・人間性等	自然に対する畏敬の念を持ち，科学の必要性や有用性を認識するとともに，科学的根拠に基づき，多面的・総合的に判断する態度を養う。

幼稚園，小学校，中学校，高等学校及び特別支援学校の学習指導要領等の改善及び必要な方策等について（答申）より作成

　評価にはこれらの学習目標と関連づけられていることが求められますが，目標のすべてが評価項目と対応していなければならないというわけではありません。特に，「学びに向かう力・人間性」に関しては，重要性は認めますが，思想信条や価値観にかかわって評価になじまない部分もあり，慎重であるべきだと考えます。
　表1は，高等学校理科の教科全体の目標であり，理科のすべての単元や授業のベースとなるものです。さらに，理科全体の内容の目標や単元ごとの目標，協同的な学びといった授業方法や形態に関する目標など，学習活動にはすべて目標があります。生徒もそれらの目標と評価の観点を知ることができると，見通しを持てるため，主体的に学びやすくなります。

❷理科の「4つの領域」の「見方・考え方」と関連づけられた評価

　高等学校理科の学習内容としては，事象を**「エネルギー」「粒子」「生命」「地球」**に分節化するようになっており，各領域の見方は表2のように整理されています。これは，理科全般における学習目標設定の際の枠組みとなるもので，評価のベースともなります。

表2　理科の各領域における特徴的な見方

領　域	見　方
エネルギー	自然の事物・現象を「見える（可視）レベル〜見えない（不可視レベル）」において，主として量的・関係的な視点で捉える
粒子	自然の事物・現象を「物質レベル」において，主として質的・実体的な視点で捉える
生命	生命に関する自然の事物・現象を「分子〜細胞〜個体〜生態系レベル」において，主として多様性と共通性の視点で捉える
地球	地球や宇宙に関する自然の事物・現象を「身のまわり（見える）〜地球（地球周辺）〜宇宙レベル」において，主として時間的・空間的な視点で捉える

幼稚園，小学校，中学校，高等学校及び特別支援学校の学習指導要領等の改善及び必要な方策等について（答申）より作成

❸アクティブ・ラーニングと関連づけられた評価

　アクティブ・ラーニングの場合，「主体的・対話的で深い学び」になっているかどうかという観点が評価の対象となります。特に協同的な学びの形態をとっている場合，評価は，個人の学習成果の視点だけでなく，協同の視点からも考える必要があります。

　個人としては，グループの一員としての責任が果たせていたか，グループに参加・貢献できたかを自己評価し，次回の改善点を考えます。グループとしても協同的な学びに関する目標を定め，最後にグループで話し合ってグループとしての自己評価を行います。また，改善すべき点もグループ内で共有し合えると，「学びに向かう力・人間性等」も高めることができます。

　協同の視点から評価する場合も協同の視点による目標を設定しておく必要があります。例えば，教師が「協力して学習に取り組む」を目標とし，さらに生徒がグループ目標を「全員が同じくらい発言する」とするなど，生徒による協同の目標設定という方法もあります。

❹グループの成熟と関連づけられた評価

　米国の協同学習の研究者であるジョンソンは，協同的な学びを行う中で，学習集団は表3のように段階を追って成熟していくといいました。どのような学習集団も，最初はうまくいかないことを念頭におき，だんだん深い段階に導いていくための目標設定と評価を重ねながら，グループの成長を促す必要があります。学習内容だけでなく，学習集団の成長促進としての評価という考え方は大事で，表3はその観点を考える際の参考になります。

表3　学習集団成熟の4段階

成熟段階	育成すべき技能	具体的な内容
形成の段階	うまく機能する協同学習グループを作る基礎になる技能	よく聞く，全員が参加する，周囲に配慮して小さな声で話す，等
機能の段階	グループ運営の基礎となる技能	方向性を決める，気持ちを述べ合う，等
定着の段階	理解を深めるのに必要な技能	教材を深く理解し合う，参考資料をみつける，等
醸成の段階	質の高い活動のために必要な技能	対立した意見や異なった解釈から新しい知見を見つける，等

ジョンソン他・石田裕久他訳（2010）『学習の輪　学び合いの協同教育入門　改訂新版』二瓶社　より作成

❺アクティブ・ラーニングと関連づけられた教育評価

　次期学習指導要領は，「学校教育を通じて子供たちが身に付けるべき資質・能力や，学ぶべき内容などの全体像を分かりやすく見渡せる『学びの地図』としての役割を果たせることを目指している」と「答申」には書かれています。知識を取り入れることと，知識・技能を活用することによって資質・能力を育成することを，小中高の一続きの教育の中で　体的に育成しようという見地に立ってその全体像をガイドするという立場は新鮮です。教育評価の際には，学習指導要領を手がかりに，子どもたちの学びに資する授業が展開されているかどうかを評価することが期待されているのです。

　高等学校教育は，通信制を含めると高校進学率は98.5%（2015年）となり，2010年度からは高等学校等就学支援金制度も始まり，義務教育に準ずる教育機関としての位置づけが明確になってきました。そもそも，アクティブ・ラーニングは，高等学校で学んだ知識や技能を卒業後に活用できるようになることを目的として導入されています。それがアクティブ・ラーニングの根幹にあることを念頭に，教育評価を行う必要があります。

3 評価のさまざまな方法

❶学習評価の4つのタイプ

アクティブ・ラーニングの評価は，その目的に応じて多角的な方法を組み合わせて行うことが推奨されています。考え方としては，松下佳代（京都大学）が提唱する，「量的評価」と「質的評価」，「間接評価」と「直接評価」という軸を組み合わせた「学習評価の4つのタイプ」が参考になります（図1）。

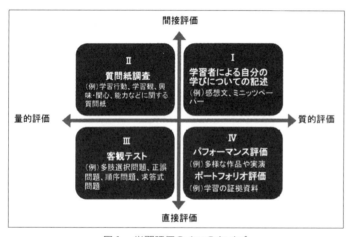

図1　学習評価の4つのタイプ
溝上慎一監修／松下佳代・石井英真編（2016）『アクティブラーニングシリーズ3　アクティブラーニングの評価』東信堂　p.18

【量的評価】　客観テストや質問紙調査などで，従来の高等学校理科の評価でもよく行われていたものです。集団に対して行うことができ，数値で結果が示されるため，客観性にすぐれ，他組織との比較も経年比較もできます。特に「知識・技能」の学習状況の把握に活用でき，学校として外部に教育成果説明（アカウンタビリティ）にも有効です。

【質的評価】　発表やレポート，ポートフォリオ等に対する評価で，探究の度合いや，学んだ知識・技能の活用まで視野に入れて評価する時に有効です。

【直接評価】　教員がテストや観察や対話などを通して行う評価のことです。校外の専門家，保護者を含む地域住民等も評価に加わるなど，複数で評価を行う場合もあります。

【間接評価】　学習についてのプロセスや成果に関する生徒による自己申告を受けて行う評価のことです。生徒同士による相互評価というバリエーションもあります。相互評価は，グループ学習のプロセスや成果を評価し合うもので，生徒同士が学習目標や学びの内容・方法を見直す場になる場合も多く，相互評価活動そのものにアクティブ・ラーニングの要素が見えることがあります。

❷学習評価の4つのタイプ別評価

　アクティブ・ラーニングでは，異なったタイプの評価を多角的に組み合わせて，最終的に総括的な「評定」につなぐ工夫が求められます。図1「学習評価の4つのタイプ」のそれぞれの評価について以下に例と評価の工夫について述べます。

I　間接評価×質的評価：生徒による学びについての自己申告

　思考力・判断力・表現力等，学びに向かう力・人間性等に関する生徒の成長は，感想文やミニッツペーパー（感想カード，質問カード）を書いたり，言葉等で表現したりしてもらうことで，ある程度評価できます。ミニッツペーパーは日常的に使うと生徒の学習状況を細かく捉えやすいうえ，教師が必要に応じてコメントを書いたり，次の時間に質問に答えたりすることで生徒との双方向のコミュニケーションにもなりえますが，管理は少し煩雑です。

　毎回のミニッツペーパーを構造的にする工夫も考えられます。例えば，1年分（1学期分，定期考査までの期間，1つの単元の期間など，いろいろな区切り方がある）の授業日程全体を表にした「学習記録シート」を毎回授業の最初に渡します。①月日②内容③学習目標は教師が示します。④自己目標と⑤感想や質問を生徒が書いて毎時間の最後に提出します。④自己目標とは，自分自身で考えたその時間の達成目標で，授業の最初に生徒が書き込みます。⑤感想や質問，自己評価などは授業修了時に自らの学びを振り返ります。毎時間回収し，押印したり必要に応じてコメントを加えたりして，次回冒頭にまた配布します。①〜③をあらかじめ印刷しておいたものを渡してもよいし，毎時間黒板に書いて書き取らせることもできます。

　この方式だと，毎時間の生徒の学習状況を捉えることができます。生徒の方も授業の最後の振り返りになるだけでなく，学習記録シートを通して自らの学びの足跡全体を振り返り，学びのメタ認知力を高める機会にすることも期待できます。

表4　学習記録シート例（構造化されたミニッツペーパー）

①月日	1．4月11日（火）	2．4月14日（金）	3．4月18日（火）
②内容	オリエンテーション	観察と課題・仮説	検証計画の立案と準備
③学習目標	1年間の計画・目標を理解する。	観察結果から仮説を立て，班で発表する。	仮説検証のための計画を立て，参考文献を読む。
④自己目標	内容を理解する。 班に協力する。		
⑤感想質問	班が決まり，やることもわかった。見通しをもってがんばりたい。		

Ⅱ　間接評価×量的調査：質問紙調査

　質問紙調査とは，アンケート形式で生徒に自己申告してもらうものです。質問紙調査のような量的調査は，客観テストでは測れない項目について，効率よく情報を得ることができます。具体的には，学習行動（見通しを持って観察・実験などを行い，科学的に探究したり，科学的な根拠を基に表現したか，主体的・対話的に学習したか等），学習観（自然に対する畏敬の念を持てたか，科学の必要性や有用性を認識したか，深い学びになったか等），興味・関心（学習内容に興味関心が持てたか，実験や協議などの学習方法は好きか等），能力（科学的根拠に基づき，多面的・総合的に判断する力はついたか等）に関する質問項目になります。「1. あてはまる　2. ややあてはまる　3. ややあてはまらない　4. あてはまらない」といった4件法です。それに「どちらともいえない」をつけ加えた5件法で測ることが一般的です。4件法の方が5件法より傾向がはっきり出ますが，質問項目によっては5件法の方がよい場合もあります。

Ⅲ　直接評価×量的調査：客観テスト

　客観テストには，多肢選択問題（次の選択肢の中から正しいものを一つ選びなさい），正誤問題（正しいものには〇，誤っているものには×をつけなさい），順序問題（正しい順に並べかえなさい），求答式問題（答えを解答欄に記入しなさい）等があります。

　質問紙調査や客観テストなどの量的評価は数値化できますので，平均点を出すことで個々の生徒の学級内の位置もある程度見えてきます。また，学級間を比較したり，単元の前後で経時的に比較することもできます。それらを生徒にフィードバックすることで学習評価になりますし，教師側にとっても教育評価として活用できます。

Ⅳ　直接評価×質的評価：パフォーマンス評価とポートフォリオ評価

　学習のプロセスや成果を教師が評価するものです。アクティブ・ラーニングの場合「書く・話す・発表するなどによる認知プロセスの外化」が行われるわけですから，生徒の学びの内容や取り組みの観察がしやすく，評価の材料は日常的に生み出されていると言えます。

【パフォーマンス評価】

　「パフォーマンス評価」とは，一定の意味ある文脈（課題や場面など）の中で，さまざまな知識やスキルなどを用いて行われた学習者のパフォーマンス（作品や実演など）を手がかりに，概念理解の深さや知識・スキルを総合的に活用する能力を質的に評価する方法です。(※1) レポート・論文や技術的・芸術的な制作物・創作物などの「作品」や，スピーチ・プレゼンテーション，演奏・演技，スポーツの実戦などの「実演」は，「パフォーマンス課題」と呼ばれます。また，自由記述式の問題やコンセプトマップ（概念地図法）なども広い意味では作品・実演とみることができます。

【ポートフォリオ評価】

ポートフォリオとは，もともと書類入れのことです。「ポートフォリオ評価」とは，生徒が自分の「学習の証拠資料」をファイルに入れて提出したものに基づいてその成長のプロセスを評価する方法です。

❸学習評価の工夫

高等学校の場合，評価は進路選択にも影響を与えますので，記述式問題や発表のような質的課題の評価であっても，客観性や信頼性を保つ工夫が必要になります。その方法としては，評価基準の明確化・点数化（ルーブリック），複数の評価者間での基準あわせ（キャリブレーション），評価過程や評価結果の調整（モデレーション）等が挙げられます。

【ルーブリック】

質的評価の客観的な評価基準としてよく用いられるのが「ルーブリック」です。ふつう，観点×レベルというマトリックスの形式の表の中に各観点・レベルに該当するパフォーマンスの特徴が書き込まれています（表5）。ワークシート，レポート，発表などのパフォーマンス評価において，あらかじめルーブリックも示しておくと，ルーブリックが生徒のパフォーマンスの向上を促進します。

表5　ルーブリックの例

観点	課題の設定	検証計画の立案
観点の説明	現象から課題を見いだす	仮説を設定し，検証方法を立案する
レベル3	課題を見いだし，現象の事実から，推察しうる原因も含め，課題とした理由を述べている	これまでの学習や経験とも結びつけて仮説を立て，検証方法の立案理由を述べている
レベル2	課題を見いだし，現象の事実から，課題とした理由を述べている	仮説を立てて，検証方法の立案理由を述べている
レベル1	課題を見いだしているが，課題とした理由の説明は不十分である	仮説を立てているが，検証方法の立案理由が不十分である。
レベル0	レベル1を満たさない	レベル1を満たさない

松下佳代・京都大学高等教育研究開発推進センター編著（2015）『ディープ・アクティブラーニング』勁草書房　pp.230-231　より作成

【ICEアプローチ】

手軽な評価基準としてカナダのウィルソン（1996）が提唱した3つの観点です。[※2]

I（Ideas：考え）：学習した知識を用いているか

C（Connections：つながり）：複数の考えを比較，検討しているか。既有知識と結びつけて考えているか

E（Extensions：応用）：新しい気づきを得られているか。見方の変化，結末の予想，何ができるかを示す，等

❹評価を「主体的・対話的で深い学び」につなぐために

　知識・技能偏重の大学入学者選抜試験にも「思考力・判断力・表現力等」に関する試験を導入しなければ、高等学校の授業を改善することが難しいという議論から、記述式問題やコンピュータを用いたテスト（CBT）を取り入れた「大学入学希望者学力評価テスト（仮称）」の2020年度からの導入にむけた準備が進められています。主体的な学びを支えるための学習環境としてICTの導入も推進されていますし、学習心理学の立場から対話的な学習の効果は確かめられています。仲間と話し合うことそのものが授業の中で知識を柔軟に活用する機会となるため学びが定着しやすいのです。また、自分の学びが仲間の役に立つという実感は学習意欲につながりやすいという研究もあります。

　とはいえ、高校教師が導入に消極的であるのには、二つの不安があるのではないでしょうか。第1は失敗の不安、第2は評価が煩雑でよくわからないという不安です。

　第1については、「アクティブラーニング失敗原因マンダラ」図が参考になります。これは、中部地区の23大学が協同で、失敗の原因を探ったものです。高等学校でも参考になる教訓は多くあり、失敗原因を排除するための評価基準を考えるヒントにもなります。表6はその一部を活用して筆者が高校性に適合した形で対策例を示したものです。

　第2の評価については、評定のための評価とせず、生徒の学習を深めるための評価と考えることで突破口が見えるのではないでしょうか。ルーブリックの評価が全てレベル3だったとしても、それで完璧なパフォーマンスというわけではありません。人間性も数値化できない部分もあります。数値化しなくともよい部分もたくさんあるのです。　　　　　　　　　　（和井田　節子）

表6　「アクティブラーニング失敗原因マンダラ」を参考とした失敗の予防策

現　象	理　由	原　因	考えられる予防（和井田の提案）
不参加・未提出・怠慢・雑談・安易な解答・派生知識無関心・授業外活動不協力	怠惰・不挑戦・他事優先	目的喪失	授業の目標を明確にする。やり甲斐があって協力しないとできない困難な課題にする。既有知識や経験と関連づけられた興味を引く課題にする。評価基準の工夫。振り返りの実施。計画の立て方や協力を教える。
独断専行・発言しない・浅薄な議論	知識・技能不足		課題を明確にする。リーダーシップや議論の方法を教える。振り返りの実施。

中部地域大学グループ・東海Aチーム（2014）『アクティブラーニング失敗事例ハンドブック～産業界ニーズ事業成果報告～』より作成

【参考文献】
※1　溝上慎一監修／松下佳代・石井英真編（2016）『アクティブ・ラーニングシリーズ3　アクティブ・ラーニングの評価』東信堂
※2　スー・フォスタティ・ヤング（2016）「高等教育における教えること，学ぶこと，評価すること」主体的学び研究所『主体的学び』4号　pp.168-178

【執筆者一覧】（執筆順，所属は執筆時）

和井田節子（共栄大学）
長野　　修（静岡県立沼津城北高等学校）
名倉　和弘（静岡県立袋井商業高等学校）
伊藤　賢典（私立自由の森学園中学高等学校）
飯島　輝久（和歌山県立伊都中央高等学校）
小松　　寛（私立開成中学高等学校）
中村　陽明（三重県立四日市南高等学校）
諏訪部悠花（静岡県立沼津城北高等学校）
増田　雄介（静岡県立浜松江之島高等学校）
川北　裕之（千葉県立国府台高等学校）
岩佐　倫希（群馬県立太田フレックス高等学校）
小関　　篤（長野県箕輪進修高等学校）
渡邉　充司（静岡県立韮山高等学校）
山本　玄珠（静岡県立富士宮東高等学校）

【編著者紹介】
和井田　節子（わいだ　せつこ）
共栄大学教育学部（教授）
「学びの共同体」高等学校部会事務局長
主な著書に『「学びの共同体」の実践　学びが開く！高校の授業』（明治図書，2015年，編著），『「学びの共同体」で変わる！高校の授業』（明治図書，2013年，編著），『協同の学びをつくる：幼児教育から大学まで』（三恵社，2012年，編著）など多数。

長野　　修（ながの　おさむ）
静岡県立伊豆中央高等学校（非常勤講師）
静岡県立沼津城北高等学校で「学びの共同体」による協同学習を中心にした授業を始め，現在に至る。
科目は主に物理を担当。

アクティブ・ラーニングを位置づけた
高校理科の授業プラン

2017年8月初版第1刷刊　©編著者　和井田　節子
2018年11月初版第2刷刊　　　　　長野　　修
　　　　　　　　　　　　発行者　藤原　光政
　　　　　　　　　　　　発行所　明治図書出版株式会社
　　　　　　　　　　　　　　　　http://www.meijitosho.co.jp
　　　　　　　　　　　（企画）佐藤智恵（校正）広川淳志・川崎満里菜
　　　　　　　　　　　　〒114-0023　東京都北区滝野川7-46-1
　　　　　　　　　　　　振替00160-5-151318　電話03(5907)6703
　　　　　　　　　　　　　　　　ご注文窓口　電話03(5907)6668
＊検印省略　　　　　　　組版所　長野印刷商工株式会社
本書の無断コピーは，著作権・出版権にふれます。ご注意ください。

Printed in Japan　　　　ISBN978-4-18-276915-3
もれなくクーポンがもらえる！読者アンケートはこちらから　→